环巢湖文化系列丛书

环湖名镇 长临河

张靖华 〜 著

合肥工业大学出版社

序一

横看成岭侧成峰
远近高低各不同

葛剑雄

　　我与张靖华的联系开始于 2006 年秋，不过一直是通过邮件联系的。那时他是原南京工业大学建筑与城市规划学院的硕士生，因在安徽巢湖北岸发现一些村落和建筑形式的特点与移民史有关，所以来征求我的意见。这样的交流一直没有中断，从他完成硕士学业，出版硕士论文《九龙攒珠——巢湖北岸移民村落的规划和源流》，直到 2012 年 7 月被录取为我的博士研究生。经过 5 年的学习和研究，他于 2017 年 6 月通过博士论文答辩，又经过一年多的时间，修订、出版了专著《湖与山——明初以来巢湖北岸的聚落与空间》。

　　在这十几年间，张靖华研究的空间范围都集中在巢湖北岸。因经常看他的文章，与他讨论，我也逐渐熟悉了这一带的地貌和景观，却一直没有实地考察和感受的机会。尽管其间他曾邀请并安排我去，我也有几次到了最邻近的合肥，但至今未能成行。看了他的《环湖名镇长临河》书稿，我却有亲历其地的感觉，对某些细节甚至比耳闻目睹还印象深刻。

这自然不是偶然的。首先，靖华描述的是他的家乡，是他从小熟悉、热爱的地方，有的地方还是他祖辈的出生地。有些景物来自他儿时的清晰记忆，但早已不复存在。有的却是近年刚出现的，早年离乡的人也不会知道。

更重要的是，他受过多学科的专门训练，除了应用在博士、硕士研究生阶段学习的历史地理学、建筑学以外，他还应用了规划学、景观学、环境学、社会学、人类学等多方面的知识和观察手段。例如，他通过文献考证，查清了一些遗物遗址的来历，纠正了民间的传闻，这些，就连一辈子没有离开过家园的长寿耆老也讲不清楚。又如，他通过实地考察，恰当地解释了一些没有被文字记载的文化现象，并且发掘出对于今天还有积极意义的文化因素，用于文物保护、环境修复、文化旅游产业发展、新农村建设等。在这十几年间，他还考察过安徽、江苏、江西不少古村和聚落，积累了丰富的知识和信息，善于比较，善于在细节上和一般人容易忽略的方面发掘出内在的价值，丰富了这片土地的潜在资源。

但使这一切得以完整、传神地记录下来的原因，无疑是他对这片土地和乡亲强烈的使命感与责任心。亲情、乡情、学术旨趣、日常生活的融合，升华为对家乡的奉献。靖华在长临河镇挂职文化旅游副镇长，并且开发出新的文化旅游资源，设计了一条长达 42.3 公里的步道。其南半程曲折蜿蜒，具林泉雅趣，覆盖了长临河最优质的山水自然景观，也是历史上淮军及其家族集聚的谷地。这条步道已经建成，初步发挥的效益已超过原来的期望，所以这部书稿也可以看成是靖华的述职报告。

本书的出版不仅可以使更多人了解这片土地，吸引更多的人旅游、居留、开发，使本地人重新认识本土价值，提高文化自信和幸福感，还能够为历史地理、乡土聚落和相关学科的研究提供一个多学科结合、田野考察、实践应用、为现实服务的样本。尽管它并不是按照规范撰写的学术报告或研究论文，但其普及的作用绝不在学术论著之下。

至于我本人，还是希望有机会带着这本书，沿着这条步道，踏上这片土地，观赏山水林泉，体验风土人情，给靖华这本书做出更恰切的评价。

2021 年 3 月 12 日植树节

（作者系复旦大学资深教授，中央文史研究馆馆员。）

序二

纸上得来终觉浅
绝知此事要躬行

翁　飞

（一）

　　庚子岁末，收到靖华送来的打印书稿，附言中说，他于 2019 年在肥东长临河镇挂职副镇长一年，为了促进长临河的文化旅游业发展，用随笔形式写了一本小册子——《环湖名镇长临河》，记录了长临河的历史地理和村落情况，希望我能为之写一篇序。这已经是我第三次为张靖华的书写序了。2009 年 7 月 26 日，我曾经为他的硕士论文《九龙攒珠——巢湖北岸移民村落的规划与源流》（2010 年 1 月在天津大学出版社出版），写过一篇序言。环巢湖流域是元末明初移民集聚的重要地区，我曾在当时的序言中指出：

　　"那么，这些胼手胝足、辛勤开发的移民祖先，经过六个多世纪的岁月磨洗，给后人留下了哪些值得探究和回味的物质或非物质文化遗产呢？张靖华的这本《九龙攒珠——巢湖北岸移民村落的规划与源流》，从古建筑学的角度，很有说服力地回答了这一问题。他从巢湖北岸明代移民村落的物质遗存入手，采用地表文物和文献记载相互印证的'两重证据法'，并结合大量的实地调查数据、参照高科技的航拍手段，得出结论：以江西移民为主体、以'九龙攒珠'为代表的移民村落的规划布局，是这一地区明代物质文化遗存的标志性建筑群，具有极高的实用价值、观赏价值和借鉴价值，对于了解明代移民的生产、生活状态以及由之带来的社会风俗的变迁与演进，都有着十分重要的意义。在今天，我们强调抢救和保护文化遗产，首先是要发现它，进而了解它、阐述它。作者在这方面，做了很有意义的努力和尝试。"

在该书的扉页题记上，著名历史地理学家，复旦大学教授、博导葛剑雄先生，也有精辟的阐述：

"要复原或重建中国的移民历史，仅仅依靠文字记载是远远不够的，还需要充分利用文字以外的信息。移民的过程也是文化传播的过程，民居是移民所传递的重要文化信息。但对移民聚落和建筑物的研究大多停留在非专业的水平，而出自建筑、规划、环境方面的研究又往往忽略文献记载和历史背景，因而像本书这样成功的尝试难能可贵。"

岁月匆匆，时光荏苒，忽忽 11 年过去了。靖华在参加工作后，几经拼搏，终于考入葛剑雄先生门下，成为复旦大学历史地理研究中心博士生，2018 年毕业，随即到肥东县长临河镇挂职副镇长一年。摆在我面前的这本新书稿，就是他在繁忙的乡镇工作之余，对长临河地区历史地理、村落文化以及风土人情，所做的实地考察和调研的心得笔记。也正如他自己在书中所写的感悟：

"长临河是一个有性格的区域。它的传统乡村文化既是属于中国的，也是属于江淮大地的，更是属于它自己的。在很多年以后，我又有机会来到长临河镇，2019 年还曾兼任副镇长一年，得以更深入地了解这一区域的地域文化特征。必须说明的是，虽然我已经来过多次，但每次接近都会让我增加一些新的感知，更会觉察到城市化进程中这一地区的乡村社会的变化过程。这种变化或缓慢，或快速，或轻微，或剧烈，但其本质仍旧脱胎于那个传统的乡土社会。那个乡土社会十分沉静、稳定而安详，它代表着上千年来积淀的江淮文化的味道，以及那种淡淡的、平和的、来自土地本身的浑厚气息。"

不懈怠，不放弃，持之以恒。不忘初心，方得始终，是靖华在他的治学道路上最值得称道的优点，也是对我母校复旦大学"博学而笃志，切问而近思"校训的贯彻传承。经过 10 多年的努力学习和深入实践调研，作者已经能把所学的历史地理和古建筑专业知识，与社会学、民俗学、谱牒学的知识加以融会贯通，深入挖掘当地的移民文化根脉，于是，在本书中有了很多"惊人的发现"和"闪光的新意"。

（二）

　　先讲"惊人的发现"，这是靖华在书中的常用语，并且在他的随笔中用讲故事的形式娓娓道来。如第一篇《初遇》中的"打架山"："旧时，巢县人和长临河人经常为了这片山丘发生争斗，这山就成了著名的'火药桶'。为了争夺山地，人们不惜牺牲生命。据说，为了争夺那座最高的山峰，人们曾在山下烧开一口油锅，并在油锅里放了一个铁球，规定谁能先把铁球拿出，最高峰就归谁。姑父说，虽然长临河人也做了充分的准备，但没想到那边人找了一个过路的叫花子，让他抢先把铁球捞了出来，比赛结束，叫花子死了，那座山就归了巢县。"他认为："这个惊心动魄的故事，在很长一段时间里，构成了童年的我对传统村落的另一种认识。"同样惊心动魄的故事还有第十九篇《一棵树的血案》，说的是在山口凌村西边、由三个小族村组成的刘罗蔡村和村庄北部由上下两个村庄组成的张德山村，因为后者在一块两村边界确权不明晰的土地上抢先栽了一棵树，引发前者不满，导致两个村村民之间发生大规模的族群械斗，死伤惨重。这两个故事实际反映的是巢湖流域各移民族群之间，早期在土地资源上的激烈争夺。

　　再如第十二篇《青阳镇》，作者认为："青阳山可以说是长临河文化的发祥之地，一方面，它是长临河镇的母亲河——长临河的发源之山，同时也是长临河镇的财富之山。在青阳山下，有一座大水库，横跨在长临河的上游，这个水库叫'乌金陂'，据说是古代的先民为了寻找一根价值连城的金链条而挖成的。"而在青阳山下曾经有座古镇，名字就叫青阳镇，在历史上有明确文献记载。作者根据宋神宗元丰年间（1078—1085）的《元丰九域志》得出：当时合肥县有十一乡四镇，四镇分别为"段寨、青阳、移风、永安"，又对照谭其骧先生主编的《中国历史地图集》，宋代青阳镇就位于巢湖北岸半岛的巢、合交界位置，也就是今天的青阳山下。当时，这里是人烟密集之地，并属于合肥县所管辖。虽然地表遗迹几乎湮没，但作者从为数不多的文献资料中考订出两点发现。第一，它是一个人烟稠密，但规模不算太大的商业中心；第二，青阳镇地处合、巢通衢，曾受到宋金战争的波及并爆发过激烈的战事，尤其值得重视的，是作者对这场战事的记述：

"这场战事发生于绍兴十一年（1141），是宋金在巢湖北岸一系列战斗中的一件，绍兴十年（1140）七月底，随着岳家军班师，中原地区乃至淮东地区的抗金战争都已结束。金军统帅兀术在这年秋冬之交到燕京朝见了金熙宗，随即返回开封，准备重兵南侵淮西，当时，宋朝在淮西有三支大军：淮西宣抚使张俊8万人，淮北宣抚副使杨沂中3万人，淮北宣抚判官刘锜2万人。此后，金军从1140年底开始逐步由开封附近诸地向南移动。绍兴十一年（1141）正月中旬，兀术、韩常等人的部队渡过淝水，攻占寿春。二月三日进入庐州，长驱而南。宋廷面对金军的攻势，急令大将刘锜、杨沂中、张俊分率所部渡长江抗击。正月中旬，刘锜部首先自太平州（今安徽当涂）渡江；下旬，军至庐州（今安徽合肥），见城内民众逃散，兵力薄弱，缺乏防御器具，难以坚守，遂退兵东关（今安徽含山西南），据险扎营，钳制金军，而金军进占庐州。此后，金兀术遣大将韩常等率部分兵力继续南进，攻取含山、和州（今安徽和县）等地，宋军则向东进击，双方遂在地形复杂的巢湖北岸地区展开了一系列混战。这些混战被统称为'柘皋之战'，发生于柘皋的战事，即是这些混战的高峰，后来也成为这次南北对决的代名词。"并且作者认为：柘皋之战在巢湖北岸的系列战斗长达20天，"在《宋会要》中所记载的多场战斗中，多次提到绍兴十一年（1141）二月十四日，也就是柘皋决战爆发前四天，在青阳镇爆发的一场遭遇战"。这就是宋统制戚方击败金军的"青阳之战"，是一次成功利用有利地形击溃金军的阻击战，是"柘皋大捷"的前奏曲，在研究宋金战役史方面有重要的价值。

　　无独有偶，青阳山上的青阳山房，是元代历史文化名人余阙所建，也是长临河一处重要的文化遗址。通过实地考察，作者发现：第一，青阳山房并非一开始就是"书房"或"山房"，而是一处普通的民宅；第二，它是余阙和父母长期居住的地方，由于少数民族移民的身份，这个住所一开始就带有军事聚落的性质，只是后来余阙的文名显耀，才有了"青阳山房"的称谓。作者还引用了余阙的《合肥修城记》中对合肥人民"质直而无二心，故盗不能欺；勤生而无外慕之好，故利不能诱；强悍而无孱弱可乘之气，故兵不能怵"性格的赞颂，表现出余阙作为党项族移民后裔，在经历国破家亡、阖族迁移的惨痛后，对于合肥这块包容开放的新家园的认同和眷念之情。

真正重要的发现，我认为是他在本书第十四篇《祖先的名单》、第十五篇《插草为标》两篇中讲述的故事。先从当地一首耳熟能详的姓氏儿歌讲起：

"一，一，吴兴一；二，二，梅寿二；三，三，盛宗三；四，四，罗胜四；五，五，张胜吾；六，六，徐太六；七，七，朱龙七；八，八，罗荣八；九，九，张永久；十，十，千张干子豆腐长乐集。"

这首儿歌的前九句是长临河镇的九个村庄的名字。作者发现，这些村庄的名字都有统一的规律，它们都和第一代祖先的姓名完全一致。根据著名历史学家吴晗先生的观点："宋元以来的封建社会，平民百姓没有职名的一般不起名字，只用行辈和父母年龄合算一个数目作为称呼。"（见吴晗《朱元璋传》脚注）长临河一带的移民村庄名称，只要一对照族谱，就会发现它们基本与祖先的姓名或字号保持一致。以祖先姓名或字号命名村子，不仅是长临河镇的一种民俗，而且还是一个区域的村庄共性，并且一直蔓延到肥东县北部区域。"这些村庄，像是镌刻在大地上的一串长长的名单。这串名单上的每个村名都代表一个普通移民的名字。这些移民来自不同的地方……他们的后代一般都自称来自'江西瓦屑坝'。也就是说，长临河地区，从北向南，都是由'瓦屑坝'移民开发出来的。"

随后，作者将移民村落在地图上进行标注，很快就发现，长临河地区的移民村落，不仅在名称上存在共性，在空间分布上也是十分有规律的。第一，很多村庄都沿线状分布；第二，这些村庄聚落分布线条的几何性很强，它们或者垂直，或者平行于另一条路线，从而构成几何图形。这说明这些村庄聚落的分布，显然经过了一个强大的人工规划的过程。作者又进一步走访了当地的村民，据六家畈的一位村民讲述："我们的祖先来到这里后，插草为标，建立村庄。"作者认为：插草为标，是一个移民时代的术语。它标志着洪武初期巢湖流域大移民是由明朝中央政权进行统一规划的。600多年来，这一移民规划的模式，仍然保持着大致稳定的格局。

巢湖流域的膏壤沃土，加上历代移民的辛勤劳作、诗书传家，造就了长临河地区的地灵人杰。如前面那首姓氏地名儿歌中提及的，盛宗三是国家一级运动员、摔跤冠军盛泽田的祖居地；张胜吾曾任国民党二十一集团军代总司令、民国最后一任安徽省主席张义纯的祖居地……近代以来，从淮军摇篮到滨湖侨乡，长临河地区人才辈出，不胜枚举。

从"九龙攒珠"到"插草为标"，从一个移民村落的建筑布局到整个巢北移民村落管网化几何形布局的发现，蕴含着作者在治学道路上不懈的努力和艰辛的探索。处处留心皆学问，有志者事竟成，这句话用在对这本书的评价上，是恰如其分的。

（三）

再来看"闪光的新意"。在本书下篇中，作者与请他去肥东帮助调研、梳理地域文化脉络的肥东县委原书记杨宏星有一段意味深长的对话。"在谈到长临河地区传统村落保护的严峻形势时，杨书记沉默了一下，同样说了一句非常精辟的话：'靖华，我们回不去了。'"既然回不去，如何来面对？杨宏星提出："如果完全凭政府的力量去保护是不现实的，也没有那么多资金，而且即便将古建筑保护和修复起来，如果不能很好地利用，它们最终还是走向破败。我们必须找到一种新的方法，去推动社会力量进入这个区域，让这个区域充满来自城市的人流，从而推动村庄的保护。"

张靖华认为："长临河镇乡村的衰退，与其说是'衰退'，还不如说是城乡资源和人口流动的闸门被打开之后，人们循着对幸福的向往，自然流动后产生的空心化现象。这种情况持续了几十年，甚至上百年，从未停止过。只是近几十年来的对外流动，以及城市和乡村人口流动的不对等性，更使得巢湖北岸变成了一个宛如古董箱子一样的异常封闭、沉寂的世界。在江浙地区，由于乡镇经济比较发达，很多村庄的居民从村里到工作地，可以早出晚归；一些古村落里常年有人，衰退并不那么严重。在巢湖流域，由于缺乏发达的乡镇经济，人们一旦决心出门发展，就似乎再也没想回来……

"但环巢湖公路的修筑，以及环巢湖地区空间的调整，使这个沉寂的世界逐步被唤醒，从而给长临河地区的传统村落带来了机遇，更带来了挑战。……伴随着南淝河大桥的修通，长临河的区位优势立刻凸显，从偏居巢湖北岸的小市镇，立刻变成毗邻滨湖新区的'环湖名镇'。区位的改变，提升了长临河镇的土地价值，在这种情况之下，越来越多的人感觉到长临河镇未来的发展优势，开始试图圈地投资，长临河地区传统村落的保护变成了一个十分敏感又棘手的问题。"

学，当然要以致用为目的。面对新的挑战，靖华开始了将传统古村落文化资源与新时期文旅开发相对接、相融合的创意和实践。他听从杨宏星书记的建议，只身前往浙江宁海，考察体育健身步道，看有无引进长临河的乃至环巢湖的可能。一个偶然的机会，他了解到肥东县是新中国1957年第一次马拉松运动的举办地。于是，他又前往蚌埠拜访当年率先倡议和参加这场运动测试赛，并获得冠军的张亮友老人。由此确定了以"湖山马拉松步道"来命名长临河乡村道路的规划。在市县领导的支持下，今天的长临河镇传统村落，主要还是通过"湖山马拉松步道"串联着。这条步道由四个联系点之间的连线构成，依据联系点的名称分别命名为"长山线（长临河至山口凌）""山大线（山口凌至大蔡）""大六线（大蔡至六家畈）""六长线（六家畈至长临河）"。由于这一区域保留了明代初期乡村规划的大部分原始移民村落及其遗址，并且呈现出十分严格的方格网状分布形态，因此形成了较为完整的明代遗民聚落的文化版图。

在这个地域，作者极力将有关古村落的传说故事、名山盛景、人文历史加以综合整理，以文化促旅游，以旅游促传统古村落的保护与开发。从"徐万二"到"现龙陈"，从"四顶朝霞——魏伯阳炼丹"到振湖塔，以及大蔡村蔡永祥烈士纪念馆……所有有价值的文化资源，都被作者融入笔端。在长临河挂职期间，他还针对靠山杨、吴大海两村的环境提升问题，制定出了一个整体性的、被称为"寻山观海"的总体规划。"所谓'寻山观海'，是将四顶山、巢湖、山村当作一个整体来看待，将环境提升工作与文化旅游工作的推进综合起来，建立一个完整的体系。'寻山观海'有两重意思：一重是通过环境提升，使得人们更好地领略靠山杨、吴大海这两个村庄的传统风韵，感受存在于这两个村庄内的人文历史底蕴；另一重则是在提升的同时，完善和保护从四顶山到巢湖岸边的自然人文资源，使之成为与村庄和谐并存、相得益彰的外围环境。"具体到每个村庄，则要做好三个重点：其一是前期的空间分析与挖掘，注重将历史人文底蕴与整治方案融合；其二是做好水系的整理和重新塑造；其三是做好历史建筑的保护和传统风貌的维护。

"纸上得来终觉浅，绝知此事要躬行。"著名社会学家费孝通先生在他的代表作《乡土中国》后记里面说："从基层乡土着眼去看中国的重建问题，主要的是：怎样把现代知识输入中国经济中最基本的生产基地乡村里去。输入现代知识必须有人的媒介。知识分子怎样才能下乡是重建乡土的一个基本问题。"我认为，张靖华博士在这本书中，以自己的所言所行、亲力亲为，已经回答了费老先生所提出的问题。

　　中国正在全面建设社会主义现代化强国的道路上奋力崛起。合肥市也正在建设国家中心城市的道路上突飞猛进。合肥市是一个独立拥有全国第五大淡水湖——巢湖的现代化滨湖大都市，更好地实现中心城区与环湖十二镇同步发展，实现城镇科技、经济、生态、文化一体化发展，建设并守护好我们的美好家园，这是时代赋予我们的使命，也为靖华这一辈后起之秀提供了大有可为的广阔舞台。勖勉之！

　　是为序。

2021 年 2 月 1 日

　　（作者系安徽省文史研究馆馆员、安徽历史文化研究中心主任，历史学博士，研究员。）

序三

换个角度来思考 ｜ 张宏杰

　　我和张靖华都是葛剑雄老师门下，不过前后参差，并非同时受业。葛老师的学生们有一个微信群，靖华兄经常在里面晒他新近收藏的旧书旧信之类，很多内容都很有意思。可见，他是一个兴趣广泛、善于从多种渠道汲取学术信息之人。后来，我又关注了他的微博，微博的内容也同样生动有趣，能看出他是一个热爱生活的学术人。因此，我们在网上交流很多。

　　葛剑雄老师是一个把学问做活了、做通了的人，因此同门当中也有一些人能把柴米油盐的生活与本来似乎高冷孤寂的学术打通，靖华兄就是其中一个。他能文能诗能画，才情广博，又经常行走在大地上，能时刻感受到大地的温度。

　　这本书是靖华在挂职长临河镇文化旅游副镇长期间开始写作的一本小册子。关于这本书，靖华早已和我提过。

他提到，希望能用一种非学术化的写法，针对一个较小区域的历史地理情况展开一种适合于大众的解读。

学术语言与通俗语言有很大的不同。学术语言一般不考虑接受的难易程度，要求表述准确、意思唯一、就事论事、不修饰。但是对于普通读者来说，学术语言通常也存在以下问题：

第一是"涩"。学术行文着意于学理性表述，文字简约，因此有时不免有"涩"的感觉。这种语言风格，只有浸淫学术著作多年的人才能接受，普通读者很难接受。

第二是"硬"。学术著作一般会密集地使用比较狭窄的学术领域内的概念，其内容对普通读者来说过于陌生，缺乏必要的背景铺陈介绍。对这个领域不熟悉的读者感觉很难读懂，起码很难提起兴趣。

第三是"晦"，就是表达不清晰。这种"晦"有可能是由两种原因形成的：一种是作品内容本身就复杂深奥，另一种则是故作玄虚。学术语言是一定的学术场域所形塑的结果。有些学术著作的艰难晦涩是作者有意为之的，布迪厄曾经分析过这种现象的潜在动机。他指出，教授们故意使用一些高深莫测的概念范畴，旨在造成学生的理解困难，并通过将此学术语言设置为跨入学术场域难以通过的高门槛，拒绝学生（或读者）的轻易进入，从而维持其学术权威的形象，并牟取符号利益①。

---

① 朱国华：《学术语言的几个层次——兼论晦涩》，《福建论坛》（人文社会科学版），2006 年第 10 期。

第四是"冗"。"冗"体现在两个方面，一是大量堆砌材料。材料是作者辛苦挖掘得来的，舍不得丢弃，结果是同类同质材料大量堆砌。二是语言不注意节制，啰唆重复，不简洁。

通俗历史作品的语言要求则与学术著作有很大不同，其第一条是能让人读懂，行文必须浅显明白、生动活泼，有亲和力，有表现力，这就要求作者有高超的语言能力。美国历史学家、作家塔奇曼写道："说到语言，没有什么比写出一个好句子更令人满足的了。要是写得呆头呆脑，读者读起来就像在湿沙中前行，如果能写得清晰、流畅、简单但惊喜连连，那就是最高兴的事。"

学术著作的结构也通常要求四平八稳，层层递进，规范严整。而通俗写作却不应该有定式，苏轼在《答谢民师书》里说，作文"大略如行云流水，初无定质，但常行于所当行，常止于所不可不止，文理自然，姿态横生"。

因此，如何做到学术性和通俗性的统一，是一个巨大挑战。我一直致力于公共史学写作和研究，靖华多年来也一直在积极努力将历史地理学和现实需要进行融合，尝试通过互联网来对大众进行历史地理和传统村落的知识传播。对于靖华的这种尝试，我当然非常赞成。

我一直认为，普通读者的读史需要，并不是可有可无的，而是对我们这个社会意义重大的。现代学术发展的一个特点是门槛越来越高，与普通人的距离越来越远。比如，美国情景喜剧《生活大爆炸》中的佩妮，竭尽全力也无法理解她丈夫莱纳德关于其工作内容的最浅显的解释。不过，这种现象不会妨碍我们的生活，因为物理学的理论研究与实际转化之间的渠道一直是非常畅通的，因此普通人不必去掌握那些高深的专业语言，也可以方便地享受到手机、电视、汽车给我们带来的生活便利。

然而，历史学术的普及和转化有时却进行得非常不充分。在传统时代，历史是没有门槛的，本无通俗史学和专业史学之分。近代以来，历史学研究迅速走上专业化轨道，使历史学成为一门严格的科学，学术深度和广度都得到了空前的拓展。然而，史学专业化也带来一个巨大的问题，那就是专业史学的实用转化不足，大众的读史需求出现了空缺，这种情况对社会发展的不利之处是显而易见的。

靖华兄的这部作品，就是一本直面现实需求的著作。我希望这本书能对学术思考普及化的问题有更进一步的推进，同时也能对长临河镇的文化旅游事业有一定的促进作用。

2020 年 12 月 22 日

（作者系复旦大学历史学博士，中国人民大学清史研究员，著有《大明王朝的七张面孔》《曾国藩的正面与侧面》等。）

序四

风物长宜放眼量 | 夏有才

　　应张靖华博士的约请，为其新书写序，感到责任在肩，用了近十天的时间，仔细认真地阅读，一篇篇地看下去。作者用生动流畅的语言、丰富专业的知识，将长临河古镇的历史地理、乡土聚落、人文典故娓娓道来，简直就是一部乡村规划史，使我获益匪浅。

　　位于合肥市东南角，肥东县南部的长临河镇，是一座源于汉魏时期、历史悠久的古镇。据考证，因青阳山北麓之水，经长宁寺源源不断流入巢湖，久之形成长宁河，地因河得名。又因濒临巢湖，遂更名为长临河。书中已明确写道，明代以前，江淮地区发生了大规模的人口迁移，大量移民以江西人和皖南人为多，而长临河镇是明代移民村落的集中分布之地。

　　作者出于对长临河文化遗产的热爱，怀着对这片土地的亲切感情，用笔写出长临河乡土村落历史和保护利用的过程。自 20 世纪 90 年代初，作者踏上这片土地，就用双足认真而缓慢地亲近着长临河的山山水水，逐渐熟悉这里的山峦、田野、村庄、寺庙和风土人情、历史典故，后来，又对镇域的移民乡土聚落的空间分布，做了深入细致的调查研究，从中发现元、明时期的战乱，使得移民聚落的空间分布从一开始就呈现出重建式的特征。同时，来自不同地域的人口又带来了不同的聚落文化，并在长临河地区进行着交融和碰撞，产生文化"跃迁"，最集中的表现是在巢湖北岸地区纵向的"九龙攒珠"形村落的出现，及其在广阔地域内传播、发展和演变的事实。经过 600 多年的岁月，这一特殊乡土聚落村庄形态，已发展成为长临河镇独特空间形态的人文景观。

作者博学多才，从大学本科学习城市规划专业，硕士攻读建筑设计专业，直至成为复旦大学历史地理专业的博士，具备多专业学科的技能。到 2014 年，出于对长临河故土的热爱，在肥东县政府的支持下，他完成了对长临河地区传统村落的调查报告，投入到长临河乡村规划建设的行列之中，无论是在长临河地区研究、保护和改造"九龙攒珠"古村落，还是规划设计完成"山湖马拉松乡道"42.3公里的步道系统，都得到了县、镇领导的高度重视、支持以及乡民们的赞许。而这一切也正契合了习近平总书记于2015 年 1 月 19 日至 21 日，在云南考察工作期间提出的"新农村建设一定要走符合农村实际的路子，遵循乡村自身发展规律，充分体现农村特点，注意乡土味道，保留乡村风貌，留得住青山绿水，记得住乡愁"的指示精神。

2019 年，作者挂职长临河镇副镇长，进一步以建设美丽乡村的总体思路，去引导有条件的古村落融入长临河镇域，丰富人文、自然资源。在短暂的挂职期间，作者积极投入靠山杨、吴大海古村落的环境提升，编制"寻山观海"总体规划等工作，同时积极引导规划镇、村均衡发展的空间格局，与镇领导干部一起，积极拓展镇域农业观光和古村落旅游两大产业链。为了让当地村民能记住历史和乡愁，让广大旅客能领略长临河古镇的空间特色和文化魅力，作者费时一年半，完成了这本随笔。这本书饱含着作者对长临河这片土地的真情实意。

2021 年 1 月 11 日

（作者系高级城市规划师，国家注册规划师。曾任合肥市规划设计研究院院长，总工程师，合肥市规划院副理事长，中国城市规划分会小城镇规划学术委员会副主任委员，合肥市规划局顾问，合肥市文史委员会特邀研究员。）

序五

而今迈步从头越 | 昂 云

　　华夏文明，纵横上下五千多年，灿烂得令人炫目。巢湖地域文化作为华夏文明的组成部分，同样蕴涵深厚。尽管学识、理论达不到研究巢湖地域文化的层次，但是，受巢湖的老街巷、古村落这些个别表象的润濡，我被巢湖地域文化深深吸引，并逐渐衍生出一种不自觉的责任感。在兴趣越来越浓厚、爱恋越来越深刻的时候，面对自己所关注的对象感到无能为力的时候——那时候，炯炀老街还颇为壮观，不是现在这般困窘——我遇到了张靖华，一个倾注巨大心血于巢湖北岸地区移民村落研究的学者。他后来通过考试，成为复旦大学葛剑雄教授的学生。

　　张靖华长期研究巢湖北岸古村落，《九龙攒珠——巢湖北岸移民村落的规划和源流》一书即是其研究成果。是他第一次正式提出并公布了"九龙攒珠"这一在北岸普遍存在的村落布局形态，进而推动了洪家疃、张家疃、山门李、三户梅等诸多古村落的保护与开发，为保护巢湖北岸地区的历史文化遗产、促进地方经济建设做出了重要贡献。

我和他之间，亦师亦友，我尊称他张老师，不敢稍有含糊。

张老师埋头于学术研究的时候，我热衷于宣传，不遗余力地向人介绍巢湖的乡土信息和张老师的研究对象——"九龙攒珠"形态的移民村落，及时将他的发现和收获公之于众。在宣传的过程中，我力主在研究的同时先写一些随笔、散文之类的短小篇章，发一发，造造势，营造些氛围，有条件的话多出几本书，不必在意细节，哪怕粗糙一点也不打紧。不管怎样，先让广大老百姓感性认知自己生长的土地是怎么一回事，进而自觉认识到移民村落的历史人文价值，甚而推动地方采取积极的保护措施。但是，当时张老师沉迷于"研究"，或许是因为学业的压力吧，对于随记、随笔、小品文，一时不太感兴趣，也没时间感兴趣。

学术研究成果面世毕竟是滞后的，当《九龙攒珠——巢湖北岸移民村落规划和源流》一书出版后，人们开始视相关古村落为宝贝，可是许多村落已今非昔比。对此，我比较失落，懊恼不已，免不了抱怨，说："你多写些来，我发发啊！"其间，张老师以《九龙攒珠依然在延续》一文专门回复我，该段文字说是与我交流，其实也是他对自己以往研究的简单回顾。他还说，书籍的出版，"为巢湖这位苍老的祖母，描绘她最妩媚的容颜，或许就是这本书的意义。

告诉人们那曾经逝去的美丽或将要逝去的美丽"。忝为其友，我深受感动，尤其他三句不离一个"巢湖"，总是能打到我的痛处。

张老师投师葛教授之后，研究工作进一步深入。这个阶段，他有所改变，在乡村考察调研之际，陆续创作了一系列环巢湖风景速写画。这些画作大多选择的是乡村中一个小的节点，如村头、巷口、塘边、土地庙、古建筑等，并配以半文半白的短文，从细微之处反映风土人情，让人们看到了一个不一样的巢湖。逐渐地，水到渠成，张老师开始写小品文了。

一写就一发不可收拾，连学术论文《湖与山——明初以来巢湖北岸的聚落与空间》也不受影响，有点儿厚积薄发的架势。其中以长临河为背景的文字占大多数，于是一本有侧重点的册子呼之欲出。张老师每每在第一时间将文章发给我，我很高兴也很遗憾——读罢他在黄麓、烔炀、中庙等地花的精力不比以前了，总是令我叹息——这可能是个历史性的遗憾。2019 年至 2020 年间，因为某种机缘，有关方面约请张老师将平时所撰写的小品文整理结集，在"长临河"的大题目下出版，有点儿求仁得仁的意味。这说明他的热情在肥东境内得到了相应的回应，他的付出在肥东境内得到了应有的回报，他的善良愿望在肥东境内变成了现实。按照要求，张老师就势将文章作了大幅度增删修改，有的甚至推倒重来，经过一段时间认真梳理，近日名为《环湖名镇长临河》的书顺利定稿。这，带给我很大的触动，和读文章引发的沉思相辅相成。

张老师写这些文章是有一定背景的，一是过去长期调研的沉淀，二是近两年在长临河、撮镇等肥东乡镇实践乡村改造，有许多经验积累。张老师先是在长临河四顶山脚下的靠山杨村、吴大海村设计了一个"寻山观海"的项目，最近又在桥头集镇集中整治黄张、北罗和许家嘴三个村庄。他依据村庄各自的地理、人文环境，因地制宜因势利导，给出不同的改造方案，像画龙点睛一样在人们面前呈现出各具个性美丽村庄，避免了千篇一律的刻板与呆滞，社会反响极好。想想，这个，周边好像也只有他能够做到，也只有他能够做好。因为他拥有别人没有的那种情怀，他是带着感情在做这些事情的，就像诗人所咏的那样，"就像我的父亲和叔父们，一生都在山上愚公般伏地劳作"。因为有理论有实践，有学术有抒情，村庄得以旧貌换新颜，实实在在的文字才能累积成厚厚的一大摞作品。

我们说江山需要文人捧，其实乡村也需要人们的关注、研究、发掘、整理和包装。张老师有这样的意愿，肥东方面则创造了适合的条件，二者相得益彰。于是张老师开始"捧"了，研究发掘，装点改造，打扮包装，通过一连串的组合操作，最终皆大欢喜。涉及的村庄是幸运的，原本寂寂无闻，一不小心史册有名，好似撞上了历史机遇，让人好生羡慕。

最后，我想说的是，典型的"九龙攒珠"形态村落中，洪家疃、山门李、三户梅、张家疃等，都在黄麓、中庙等乡镇境内，曾经也是张老师研究的重要标志物，那里有好多值得关注、值得研究、值得描写的历史、文化、风物，内容极其丰富，可惜现在关于它们的声音慢慢地弱了下来。我在热烈祝贺张老师新书即将付梓之际，热诚期待张老师日后抽空去写一写黄麓，写一写中庙，写一写烔炀，以及"十八户唐"。希望通过坚持不懈的努力，让巢湖北岸更广泛的地区为人所知，强化当地人的意识，促使他们更加关注，从而实现对该地区历史文化遗产的深入研究、切实保护和有序开发。

我的想法，很可能正是张老师的下一步计划吧。

因为本书只是一个开端。

我期待着。

2021 年 1 月 3 日

（作者笔名银山智人，系"最忆是巢州"公众号主编，业余关注地域人文、乡土文化，热衷于探寻巢湖历史风物，推介巢湖传统民俗民风文化。）

| 目　录

上　篇　　一　　初遇 / 003

二　　山道 / 007

三　　站桶和粑粑 / 012

四　　白马赶青羊 / 017

五　　能量之山 / 022

六　　登峰 / 027

七　　山村，水村 / 033

八　　土坯房 / 039

九　　侨乡 / 044

十　　闹长毛 / 049

十一　罗城寺 / 054

十二　青阳镇 / 059

十三　青阳山房 / 065

十四　祖先的名单 / 072

十五　插草为标 / 077

十六　大家族 / 083

十七　小家族 / 089

十八　人口 / 094

十九　一棵树的血案 / 099

二十　南淝河 / 104

下　篇　二十一　梦 / 113

二十二　步道 / 118

二十三　巧合 / 123

二十四　长山线 / 129

二十五　琐忆 / 134

二十六　山大线 / 138

二十七　现龙陈 / 144

二十八　大蔡 / 149

二十九　永生之山 / 154

三　十　隐贤 / 160

三十一　朝霞小筑 / 167

三十二　吴大海 / 173

三十三　寻山观海 / 179

三十四　振湖塔 / 184

三十五　一里三拱桥 / 190

三十六　长临河 / 196

三十七　尾声 / 202

后　记 / 206

上 篇

一

初　遇

　　1990 年，姑姑经人介绍，与长临河镇的姑父结婚。有一年冬天，春节刚过，还在正月里，他们带着两三岁的表弟和我一起回姑父的老家。听说那里是一片山区，从小到大，我从未在山里住过，对于这趟旅行无疑是十分向往的。

　　车子从合肥向东，之后又向南，晃晃悠悠地过了半个多小时，就到达了一个小镇。那个镇很安静，路边竖了一个牌子，上面写着"湖滨"两个字（今长临河镇六家畈村）。我们从湖滨下车，一路沿着乡村小路向东走，因为挑着担子，行进速度很慢，印象之中，那趟路程花了足足三四个小时。所过之处都是田野，时不时还路过村庄。姑父、姑姑、我和表弟四人一边走着一边聊天，时间不知不觉地就过去了。

　　那是我有生以来，第一次用双足丈量长临河的土地。

然而正是这次漫长的远足，使我得以认真而缓慢地亲近它的山水和风土。

长临河是临近巢湖的一片三角形的区域，它的西边是巢湖的岸线，长达 18 公里，向北则连接着 9.5 公里长的南淝河下游区域；它的东部是巢湖北岸半岛中部的山区。和黄山、大别山的层峦叠嶂不同，这里的山呈带状分布，彼此之间仿佛断续，远远看去又彼此相连。它们造型各异，各有来历。有一座山长得矮矮胖胖，半山腰有个大石头向外伸出，姑父说，这座山叫作茶壶山。我们从树丛中看着这座小山，它掩映在绿色的树叶中，像是一幅精致的画。沿途的左手边，有一座山叫青阳山，那时的它，像个被咬了一口的大苹果，山顶残缺，露出白色的岩石。在我们前进的方向，又有一片山，浅蓝里带着淡淡的黄，它最高的那座山峰，远看像是端坐的佛。姑父说，那片山叫打架山，是我们要去的目的地。旧时，巢县人和长临河人经常为了这片山丘发生争斗，这山就成了著名的"火药桶"。为了争夺山地，人们不惜牺牲生命。据说，为了争夺那座最高的山峰，人们曾在山下烧开一口油锅，并在油锅里放了一个铁球，规定谁能先把铁球捞出，最高峰就归谁。姑父说，虽然长临河人做了充分的准备，但没想到那边的人找了一个过路的叫花子，让他抢先把铁球捞了出来。比赛结束，叫花子死了，那座山就归了巢县。

这个惊心动魄的故事，在很长一段时间里，构成了童年的我对中国传统村落的另一种认识。除了山峦以外，沿

长临河的大地

途的风物大体质朴，土地高低起伏，田野间常见到慵懒的
水牛。表弟才两岁左右，每次看到一头牛，都要说一声
"莽"，牙牙学语一番。我们一路走着，不知什么时候，我
发现了一种奇怪的植物，它像是一种变体的小蒜，开着紫
色的花，长得遍地都是。它的花萼是紫红色的，花瓣淡粉
色，未开的花骨朵很像玉兰花，又似圆珠笔头。让我惊讶
的是，它的花骨朵看似柔弱，却无比坚强，有许多柔嫩的
花骨朵还未等待它的叶子一起萌发，就抢先穿破黄色的泥

土，从板结的土壤里钻出来了。我在早春的、带着清寒的土地上，看到了很多很多这样的花骨朵，竞相从坚硬的泥土里钻出来，在寒风中摇曳、欢唱。

后来，我们终于走进了姑父家的山村，在村庄的周围，仍能看到这些小花。它们来势迅猛，又开得含蓄，倔强地展现自我，但又彼此紧密相连。这些蓝紫色的小花像是初春为大地织就的外衣，轻柔地罩住田野、池塘和山坡。在村前村后的空地上，几乎是春风吹遍的每一个角落，我都能看到这种花在开放。又过了几天，姑父带我爬了一次村后的打架山，我特意留心到，山坡上也能见到它们孱弱的身影。在清寒的早春里，这些不知名的、蓝紫色的小花构成了我对长临河这片土地接近梦幻的记忆。

姑父没告诉我这是什么花，或许他当时告诉了我，但我后来忘记了。又过了很多年，我把这个经历写成了文章，投给"最忆是巢州"的公众号主编昂云先生。据昂先生说，这种花应该是老鸭瓣，土语叫小小蒜，在巢湖其他地方也能见到。老鸭瓣在春季开花，是早春的信使，它们稚嫩的花朵穿透严寒的大地所散发的淡淡幽香，像极了长眠于这片土地的先辈们深沉的低语。

二

山　道

　　我们到达的这座小村，叫作山口凌。

　　山口凌的位置，正位于打架山下的一个山窝窝里。打架山是个俗称，它的很多小山各有其名，比如，山口凌村背后的山，今天叫作白马山，前方是巢、合两地的通道，一条窄小的道路从中穿过。道路的两侧，各有一个山冈把山口凌村夹在中间。在明清地方志里，也记载了这个交通节点，称之为"凌家山口"。

　　凌家山口真是一扇通往隐秘世界的大门。在山口以西，是长临河镇的广阔原野。山口以东，就进入了拥挤而连绵的山区。因为小路的存在，这片山区被隔成了南北两个部分。北边的位于长临河地区的山，有白马山、牯牛山等，而位于巢湖市部分的，最主要的是西黄山。这条小路的南边，山体相对北侧较小，但也连绵不断，有站山、团山、面山等。南北两部分的山区形成了合围的态势，中间的山路就显得狭窄而近乎勉强。不过，这条曾经十分勉强，但如今却非常宽阔的道路，走起来却妙趣横生。

这些趣味里，包括了自然与人文的诸多内容。就自然性而言，最接近凌家山口的山路两侧，旧时满是造型各异的树木，这些树站在路边，亭亭玉立，像是卫兵，又像村庄厚厚的遮盖。小村之中，有一些美丽而潇洒的槐树，每到春季，槐花怒放，就像白雪一般从枝头涌出，覆盖着整个树梢。夏季，槐树柔软的叶片在山口的风中摇曳，那风像是从天而降，被山口阻挡，在村中回旋。凌家山口的槐树是极美的景致。

从凌家山口开始，向东走，道路渐渐开始上坡。那段小路从岩石上开凿出来，生长的植物各有不同。最引人注意的，是一种类似瓦松的多肉植物。不过，和瓦松不同，它们像小小的月饼，紧贴岩石生长，而色彩也显得更加深沉。从这片岩石向东继续上坡，没过多久就到达了一个坡顶，这里生长着繁茂的松树。坡下则能看到一片清澈的小湖。从湖中吹来的风，在这个位置尤为强劲，它们拨动这些松树，发出十分丰富而有韵律的声音，像涛声一般。在松树下面，草丛幽静而寂寞，其中生长着灿烂的石竹，它们或呈深红色，或呈酱红色，带着白色的边，显出精致而高贵的气质。

这片松林也是旧时合肥县和巢县的交界。巢湖有着复杂的政区变迁，它的沿岸和水面历史上就为几个不同县治

肥东与巢县交界处的小湖

所瓜分。就水面而言，合肥和巢县以中庙为界，而北岸的陆地，两县的边界则主要通过山岭来加以区分。山口凌附近的这片山区，政区的分界线是一排秀颀的水杉树。那排水杉非常笔直地站立在水边，远远看去像雅典神庙的女神，亭亭玉立。水杉的西侧是肥东，东侧就是那个美丽的小湖泊，也就是黄麓水库。

在小路拓宽之前，这个水库曾是我流连的秘境。听我的朋友张安定的母亲说，这个水库是 20 世纪 50 年代所修，她也参加了这个工程。水库所在位置，本是一片冲田，人们在东侧筑坝，山上的流水就汇成了这片小湖。小湖如此美丽，它的北侧是西黄山，也是打架山的最高峰。从湖的位置来看，西黄山特别像一尊弥勒佛，端庄而沉静。在山下临近小湖的位置，有个圆圆的土丘，当地人称之为"肚么脐"，也就是弥勒佛的肚脐眼。这个肚脐眼里，据说埋葬着那个为了争夺铁球而死的叫花子，所以也有人称其为"叫花坟"。我的朋友昂云先生说，那里确实像是一个古墓。如果是，里面埋葬的会是谁？是谁在这里静静地守候？

从水库开始，小路开始下坡，大概走10余米，就到了张治中将军的陵园所在地。这个陵园叫"黄麓园"，黄麓一词是张将军1928年创立"黄麓小学"时所起的，也就是西黄山脚下之意，今天的黄麓镇也就得名于此。和"肚么脐"所在位置近似，陵园也坐落于一座矮丘之顶。人们从山下的草坪出发，可拾级登上。以前，陵园里尚有雕塑一尊，眺望东方。春季到来，台阶边多有蓝色的野花，像是铃铛一般在此盛放。张治中将军情牵故里，一生奉献国家，也眷恋故土。2020年，原本计划归葬故乡，但因新冠疫情影响暂时搁置。

从陵园而下，沿小路经过上洪村，即进入张将军出生地洪家疃。洪家疃是一个古老的村落，在它的村庄东部，也就是村庄"水口"位置，有一口清澈的大塘。这个大塘一侧绿树婆娑，面对冲田；另一侧则有小路进入黄麓师范学校。此校也是张将军所创建，有着近百年的建校史。近年来，这所创建于 20 世纪 30 年代的学校得以扩展，并重获新生。

这条不宽的小路，虽然只有四五里长，却串联着历史，串联着现实，更串联着未来。

三

站桶和粑粑

山口凌村紧靠着凌家山口。

这是个环境极佳之地，因为被几座山峦包围，村庄很难受到外界的干扰，算是个传统意义上的藏风纳气之所。在长黄公路尚未贯通之前，车流未有如此繁忙，一翻过凌家山口，就仿佛来到另一个世界，山谷里的空气就此静止，而人的心灵也从浮躁变得沉静下来。

这里到处都是树，几乎成了树的海洋。那时，各类的乔木、翠竹、藤蔓等植物，从山上绵延到村中，又从村中绵延至农田。村庄的风貌尤为古朴，小瓦青砖，古宅遍布。这些宅子之间，有一条条的巷道，姑父的家就住在正中的一条巷道里。

那条巷道有一扇砖砌的大门，一进村内就能看到。这种大门也叫闸门，是专门用来防御土匪的。旧时土匪很多，他们的大本营虽然集中在巢湖南岸的几个地方，但在巢北的村庄之中，往往也有他们的"内线"里应外合。一般而言，装了大门的巷道，巷内人家的经济条件要好于没有装的。姑父家的巷子特意上了这道闸门，说明他们先辈的经济条件较好。我们进入巷中，走进了姑父的家，那是一栋紧靠巷子西侧，三开间，有两个厢房和一个小小天井的旧宅子。

回想起来，这栋旧宅似乎有上百年的历史了。山口凌村有很多这样的旧宅，有些雕饰十分华美，闪耀着远去时代的艺术光芒。它完全是木制结构的，正屋对着天井的位置，镶嵌着六扇隔扇门。阳光从隔扇门里穿过，撒在屋内，小屋里充满着沉静而略带黯淡的氛围。在屋子正中，摆放着一张大桌。这里是人们吃饭、游戏、聊天的场所。我在老屋的大桌边，度过了一个难忘的冬天。

老屋里有两样东西给我留下了深刻的印象。一种是站桶，这是一种我从未见过的家具。顾名思义，它是一个圆台形的木桶，高约一米多，分上下两层，最下层放炭火，中间有个隔板，家里如有幼儿，就让幼儿站在隔板上，因为脚下生着火，所以丝毫不会寒冷，屋子也被火烤得暖融融的。

第二种是本地特色的饮食。我到了村里没几天，人们就开始做一种特殊的团子。这种团子的大小和馒头近似，当地叫示灯粑粑。人们先将米磨成粉，之后做成米面，搓成带着馅的团子，再把白色的团子放在锅上排得整整齐齐，

山口凌的巷道

蒸熟就可以吃了。从口味来说，示灯粑粑和巢湖周边的很多米食相比并不十分出众，它的馅也以素为主，相对而言较为清淡，吃起来感觉朴素无华，像置身于一望无际的菜田一样，但它的意义却并不一般。据说，这种粑粑来自庐州地区古老的祭神仪式。传说，合肥地区旧时把从农历正月十三日至二月初二日这二十天定为"龙灯节"，是为了纪念泾河龙王在庐州上空普降甘霖的功德。说到泾河龙王，又以《西游记》开头的故事最为神异。据说，泾河龙王曾私改降雨时刻，被魏征在梦中斩杀，后来日夜向唐太宗控告，直接引发了唐僧取经的事件。如果示灯粑粑的风俗确实来自泾河龙王的传说，那么也不排除这一风俗本身就具有某种更久远的文化传承的意义。

无论是站桶还是示灯粑粑，都给那个原本应该十分普通的干冷的冬天，增添了许多丰富而难忘的情结。站桶里的孩子一般在一岁到两岁左右，他们站在桶里，无论是从孩子对大人的吸引力，还是从站桶本身的热量来说，都自然而然地成为一个小家庭集聚的中心。人们围绕着站桶取暖，聊天，逗小孩。房屋里一片笑声，使得这些相对低矮又陈旧的宅子里，充满了一种来自传统中国的幸福。而粑粑快要出锅的时候，则是这种传统的快乐从家庭向家族弥散的过程。伴随着柴火的燃烧，蒸汽从大锅里慢慢弥漫，一开始它充满整个厨房，慢慢地扩散到整个老屋，最后又逐渐弥漫到整个小巷。小巷本来就不宽，从巷口往上看，忙碌的人们好像在蒸汽里穿行。渐渐地，有的人家粑粑出锅了，人们拿着蒸好的粑粑站在门口高兴地吃起来，像是在宣示着这一天的一件大事终于完成。而等大家差不多都蒸好的时候，人们就开始拿着自家的粑粑走街串巷，彼此分享，小村弥漫着欢乐祥和的气氛。

这种从小家庭到村庄的整体性的祥和，是长临河的乡村社会，给我留下的最初也最深刻的印象。必须说的是，传统的农业社会有着很多近似的特征，但由于地域的、人口的、社会的差别，即便是这些近似的特征里，也会分出很多细微的种类，并产生各自的性格。长临河是一个有性格的区域。它的传统乡村文化既是属于中国的，也是属于江淮大地的，更是属于它自己的。在很多年以后，我又有机会来到长临河镇，2019年还曾兼任副镇长一年，得以更深入地了解这一区域的地域文化特征。必须说明的是，虽然我已来过多次，但每次的接近都会让我增进一些新的感知，更会觉察到城市化进程中这一地区的乡村社会的变化过程。这种变化或缓慢，或快速，或轻微，或剧烈，但其本质仍旧脱胎于那个传统的乡土社会。那个乡土社会十分沉静、稳定而安详，它代表着上千年来积淀的江淮文化的味道，以及那种淡淡的、平和的、来自土地本身的浑厚气息。

四

白马赶青羊

在山口凌村，我发现了一种特别的白石头。

这种白石头是巷道地面的铺路石，也是一种含磷的矿石。由于地质的作用，巢湖北岸的山区本来就有很多磷矿。山口凌巷道里的磷矿石来自北面的"打架山"，人们将它们从山上开采下来，碾碎，做成建筑材料，大块的砌成房屋的基础，小块的就无规则地铺在路上。白色的石块中偶尔夹杂着蓝紫色的线条，有些则有着淡红色的斑块，将两块石头放在暗处敲击，很快就能看到火星四溅的情景。

那时候，每到夜晚降临，迸发的火星就成了我们欢乐的来源。必须说明的是，巢湖是中国社会和历史撞击发展的大舞台，也是地壳变动的演练场。对整个巢湖流域的人来说，不管是耳熟能详的"陷巢州"故事，还是那些嶙峋斑驳夹杂着贝壳和三叶虫化石的灰色石片，都反映着整个巢湖地区文化和历史的宏大背景。这些珍贵的矿物多在巢、合交界的山里，所以近代以来，伴随矿藏的发现，人们也就经常围绕矿藏的归属问题而进行激烈地争夺。争夺的结果是往往造成了伤亡。2018年，我就在炯炀镇一个叫"乌龟山王"的乡村，听到一位腰椎折断的老人亲口讲述他们围绕磷矿而械斗的故事，不禁令人毛骨悚然。大地的丰富，或者物质的贫乏，都会激发出人们争夺财富的欲望，一如这一带的先民为了争夺山地的所有权从油锅里取铁球一样，在不和谐的故事中，也未尝没有为了生存而顽强抗争的例子。无论如何，这些和山有关的故事总是勾起我的兴趣，于是我们到了山口凌村没几天，姑父就提议，大家一起去爬山。

做出这个决定之后，就在一个清冷的早晨，我们穿过小巷向北而去。对我来说，此行有很多的憧憬和向往，也许是那些闪现的火花给我的诱惑，我始终觉得白马山是一个尚未开发的宝库，有待我去认识和发现。我们从村后找到一条隐约的上山路，那时，山体没有完全的绿化，从山脚下看白马山，下半截是绿的，上半截是黄的，像是一个穿着裙子的胖妇人。我们顺着小路，在森林中穿行，又攀着各种树、藤缓慢向上，大概过了一个多小时，森林突然消失了。我们来到山脚下所见的黄与绿的分界处，再向上，唯有黄色的枯草、荆棘以及嶙峋的岩石。因为有些累了，我们就暂时靠着岩石坐了下来，从这里，便可以俯瞰刚才的来路。

白马山（左）和青阳山（右）

这是一条走起来十分艰险，但居高临下看去，却又并不复杂的路。也许，人生的历程就是这样，我们虽然拥有目标，但往往无法决定起点和目标之间的状态，一如我们无法——描述这条山路沿途所经历的松树和干藤，我们既无法描述困难，更无法避免困难。但真正到达一个阶段之后，所经历的困难，似乎又是过眼浮云，唯独意义本身有所存留。当我们穿过了绿色的森林，便看到脚下的白马山此时正如猛兽在静静地安睡。而山下的山口凌村，就像猛兽的孩子，被安全地保护在它的肢体之中。中国古代学者郭璞在《葬书》中谈到了"风水"最原始的意义，是"乘生气也。气乘风则散，界水则止。古人聚之使不散，行之使有止，故谓之风水"。风水思想的核心，就是寻找、协调大地的生气。大地是怎么有生气的，来自古人对自然环境的观察和想象，具体来说，就是对山地和丘岗的观察和分析。值得注意的是，在长临河所在的江淮地区，人们历来相信大地的生气。无论是合肥的几座死火山——大蜀山、小蜀山、鸡鸣山，还是人们耳熟能详的"周孤堆"（后作周谷堆），在传说中，都是缓慢或者突然生长的奇妙宝地。江淮大地的人们喜欢动的东西，喜欢有生命的东西，喜欢活泼的东西。因为生命原本就对生命充满兴趣，风水思想，来自人类的天性，更来自生命的本能。

从这个黄、白二色的分界线开始，我们又继续向上，一直爬上了白马山顶。必须说的是，没有了森林的羁绊，然而这条道路走得未必轻松，虽然目标就在眼前，但又迟迟不能到达，让人不禁心生焦急。但到了山顶，一切就放松下来了。这里仿佛是巢湖北岸的中心，极目远眺，巢湖如玉带环绕，晶莹发光，它所围合的巢湖北岸更像一个奇妙的舞台，其中山峦起伏，如同野兽在原野上奔跑。这些野兽名称不一，有叫"青羊"的，有叫"白马"的，有叫"马龙"的，有叫"黑虎"的，我们仿佛置身于观众席上，正在观看一场大型的激烈的角斗比赛，各种动物你来我往，整个大地在清晨的阳光中熠熠生辉。长临河是一片充满希望的风水宝地，就像一个古老的传说中描述的那样：

据说，古代有个风水先生，有一天，他扔下了一个铜钱，那个铜钱一路向巢湖滚去，到了长临河镇，铜钱径直滚向一户人家，又消失在那户人家的院子里。之后，风水先生走进院中，客客气气地对女主人说明来意，且告诉女主人，她家院中小树的位置正是风水的关键所在。但女主人不信，还很不在意地把那棵杂树给连根拔了出来。这时，人们才发现，那株小树的根部竟然是从先生扔下的铜钱眼里钻出来的。风水先生十分懊悔，连拍大腿说："三朝宰相他不做，一朝都堂不到头！"

这个故事说明了两个道理，一是肯定了长临河的风水，也就是先天条件之好，但同时又强调了没有人的思想认识作为支撑，再好的风水也不能持久。据说，故事就发生在许家榨村。后来，那户人家果然出了一个许都堂，许都堂的命运一如风水先生所预测。当地人就此编了一首儿歌说到此事：

"白马赶青羊，许家榨出了一个许都堂。三朝宰相他不做，一朝都堂不到头。"

此事在民间所传甚广，许都堂究竟是谁，有待进一步考证。

五

能 量 之 山

　　我们在白马山的山顶，开始寻找各种有趣的宝藏。和山下的景象并不相同，这光秃秃的山顶，到了眼前却变成长满黄白色荒草的"高原"。我们在枯黄的草中行走，大风呼呼地掠过，野草时上时下，我们仿佛成了《敕勒歌》中时隐时现的牛羊。后来，我在刘罗蔡村的族谱里，看到100年前的先民把白马山称作"白莽山"。"莽"是会意字，原意是犬跑到草丛中追逐野兔。在长临河的近山地区旧时流行一句俗语："兔子四两，跑着屁淌；兔子半斤，跑着屁奔。"意思是兔子身轻，却最难追到。稍微大一些的兔子，就要把人或者犬累到"屁淌"或者"屁奔"。这话看似粗野，但却和合肥周边的许多俗语一样，极富画面感。试想一下，秋冬之际，刚刚劳作了一天的人们突然在家中听到某处田里有野兔的消息，于是纷纷出来参与围猎。围猎的方式一般遵循"就近原则"，兔子跑到了谁村的地里，靠近的人就可以去追赶，而远处的人则在"守株待兔"，等待兔子跑到自己的田间，才奋勇一搏。这是多么充满乐趣的接力赛。不过，多数情况下，参与的人是撵不上兔子的，除了最后几个人，会有幸收获这些筋疲力尽的兔子以外，多数人最终劳而无功，所以合肥也有一句话叫"指个兔子给你撵"，这话的意思，就是劝说人不要轻易相信别人出的不切实际的主意，特别是按照别人的意见去追求那些并不容易实现的目标。

不过，虽然莽字有此意义，但多数情况下，它仍是作为草的代称。《尔雅》说："莽，草也。"《汉书·景帝纪》也说："地饶广荇草莽水泉。"又注曰："草稠曰荇，深曰莽。"白莽，就是白色的草，白莽山，就是长满了很深的白草的山。这是一个多么富有诗意的名称，它仿佛就是对我们所看到的这片黄白色"高原"最恰当的概括。不过，和"撵兔子"的俗语近似，这个词的命名，我倒觉得可能也和人们的作习，而未必是和诗人的歌咏有关。旧时，巢合交界地区，每到冬季，人们都上山砍草，挑到山下做燃料，这个活动叫"行草"。行草是冬季山下农民家家户户要做的事，是正经人家过冬必须做的一项准备工作。每当行草的时间到来，家里的顶梁柱们，那些早已被夏日的骄阳晒得黝黑干瘦的男人们，天不亮就纷纷爬起，早早挑着副扁担，开始了爬山越岭、寻找野草的历程。有时，他们要走很远的路，翻过很多山梁，才能找到未被别人发现的草场。

从刘罗蔡村看白马山

一旦发现，行草人立刻展开行动，低头砍草，一语不发，直到晚上，把上百斤的草捆好，才从山上一路挑回家去。行草的过程是异常艰辛的，然而它带给的人们的却是越冬的喜悦。白莽山，是为行草人准备的能量之山吗？比起今天我们所称的"白马山"，这名字在诗意之外，更透露着一种野性，一种温暖。

我们在这苍茫的白莽山顶，看到了一些久远的矿坑。那些矿坑不大，印象中直径不过两三米，坑里的石头多呈白色，有的呈红褐色。那白色的，据说就是能够碰撞出红色火花的磷矿石。而红色的矿石，姑父说，是大炼钢铁时人们挖掘出的废弃物。在那个特殊的年代，人们狂热地寻找一切能提炼钢铁的物件和原料，白莽山也成了搜寻的对象。但开掘之后，大概发现铁的含量还是太低，就放弃了，没有继续开掘，白莽山算是躲过了一劫。

但不远处的青阳山就没那么好的运气了，从我童年第一次见到它起，青阳山似乎就在被持续地采掘。青阳山是一座历史名山，但在近年来被修复之前，它似乎也只剩下了"半壁江山"。许多年后，一次偶然的机会，一位曾在肥东开矿的朋友谈到了它。据说，她和丈夫在开掘了青阳山的矿场后，又转战巢南，他们挣了很多钱，却在这个过程中失去了一位至亲。那是在巢湖南岸散兵镇的开山过程中，一块被炸药炸飞的石头砸中了亲戚的脑壳，亲戚当场毙命，而朋友家庭也在不久之后面临破裂。

相对而言，因为没有遭到过多的破坏，白莽山还是平静而安详的。后来，我又在山顶发现了一些特殊的矿石，这些矿石像剥开的橘子肉，呈现出细小的透明的晶体。而我们在下山的途中，还发现了一种奇特的"假山石"，这种石头疏松而多孔，因为人们的采掘而碎裂，大大小小地堆在一起。我采集了几片，发现上面有许多树叶的印痕，有的长达十厘米左右。后来请地质部门的工作人员来看，答复是由古代的树叶印在石块上形成的化石。白莽山太古老了，如同它独特的名字给人的沧桑印象。它是一座古老的大山，记录了许多许多的往事，有些被人知晓，而有些，人们已经不可能再知道了。

六

登　峰

　　我们沿着山间的小道回到了村里，过了几天，又爬了白马山旁的西黄山。

　　算起来，西黄山并不在长临河境内，但前文已经说到，无论是白马山还是西黄山，它们在巢合交界地区的社会观念中，都是一个充满矛盾、纷争的统一体，是"打架山"的共同组成部分。从地理形貌来看，这片纠结着无数恩怨的"打架山"，也像是由很多小山扭打而成的、难舍难分的结合体。这些有高有低、有大有小的矮山之中，西黄山是其中的最高峰，它像一场比赛的总裁判，端庄持重，远远看去，"孤峙湖上，于奇拔中仍露一种尊严浑朴气象，俯视众山，皆培偻耳"（《洪氏宗谱》）。在山口凌等地，人们也说西黄山是巢湖北岸的最高峰，攀爬它，似乎具有某种朝圣的意义。

不过，这个远看浑朴可爱的西黄山，其实并不容易攀爬。我们从山口凌村向东北方向，沿着一条小路曲折向上，最初的景观还不错，路也不算太陡。但爬过了一些梯田和山路，最终来到山峰下，才发现和想象的完全不同。我们面前的这座山体，像是一个十分陡峭的又无所依托的火山锥。在火山锥的各个面上，没有森林，只有荆棘和石块，人在其上，毫无遮挡，好像蚂蚁在光滑的器物表面，分分钟有落下的危险。我本身就有些恐高，此时感觉更是头晕目眩。我坐在地上，心跳加快，瘫软得像一团烂泥。

但是姑父没有放弃，一直鼓励我朝着下一个高峰爬去。后来，看我实在走不动，就爬一步，回头再伸手把我拉一把。一开始，我就像个被打死的猎物被猎人拖着一步步向前，慢慢地，自己稍微定了定神，特别是想到他所描述的山顶那几个有趣的事物。于是扒着石头、山楂树和其他的野草，咬着牙，一口气还是爬上去了。

姑父说的趣事，一是山顶上可能藏有财宝，二是那里有一块古碑。我从小对古物很感兴趣，所以一上山，就开始寻找这两件东西。就财宝而言，姑父说，西黄山顶以前有个土匪寨子，后来被张治中将军用炮给轰平了。因为土匪们在寨子里留下了很多遗物，所以时不时地就会显露出来。小时候，姑父去山顶放牛，就曾经意外地捡到了一串铜钱。

但我们仔细搜寻之后，不禁大失所望。这里满地都是碎瓦屑，确实曾经有人居住过，但哪里能找到有什么宝物。

西黄山远眺

　　而姑父所说的第二个遗迹，是一块古碑，我们四处找寻，也不见其踪影。

　　这块古碑，姑父确是亲眼见到了的，不但亲眼见到，他还说那碑和太平天国的战事有关。据说，因为西黄山下有个洪家疃村，所以太平军从巢湖经过时，洪秀全曾亲自登上此山，眺望远方。今天想来，两个故事都十分荒诞，虽然巢湖北岸近代确有土匪活动，但这一带是淮军的故里，村庄自身的武装强大，哪里会有土匪敢在这么显眼的位置建立"大本营"呢？而广西人洪秀全和洪家疃村，恐怕不会有什么样的直接关系，就算间接有些血缘关系，洪秀全本人又怎么可能会出现在西黄山顶上呢？但当时的我是完全相信的。所以，我感觉十分失望，觉得啥也没有得到。

不过，事后想想，这种感觉其实并不可靠。有很多时候，"无"恰恰是"有"的关键。人生是需要"梦想"的，不管是对物质还是非物质的祈求，对梦想的憧憬和追求都足以使人产生前进的动力，并充实人生的意义。试想，如果没有姑父的"物质诱惑"，恐高的我怎能去战胜自己，慢慢地爬上了山？另外，即便当时没有找到想要的"财富"，并不代表未来不能有所收获。记得 2007 年左右，我又爬上了西黄山，并仔细观察过山顶的形貌，意外地发现山顶上还有一圈白石头，那些白石直径有的达到数米，看其围合形态，应该是早期的构筑物。那时的我猜想，它们是不是远古时代的祭坛？到了 2012 年，我开始阅读更多的文献，隐约感觉，它们是不是明代以前的战争遗迹？到了 2019 年的一天，烔炀镇的唐述志老师意外地发现了失传已久的唐氏族谱，请我一起去看，在这份族谱里，我读到了唐氏家族的故事，心中的疑问顿时烟消云散。

这个故事是和历史上的一场浩劫密切相关的。它发生于 12 世纪，史称"靖康之乱"。靖康二年（金天会五年，1127 年），金朝南下攻取北宋都城东京，掳走徽、钦二帝，北宋灭亡，而宋高宗则携宗室南渡，建立南宋。原本位于汴梁南部的江淮地区，此时突然变成了宋金对峙的边疆地带。在民族浩劫、国家危急存亡之际，有一批忠贞的北方将领，愿意留在江淮地区，守卫边疆，抵御金兵入侵。这其中有一个叫唐遗的人，带领部众，选择留在了西黄山下。那时，他们建了一个移民村，叫归德村。归德村的军人，都来自河南商丘（也有人说来自"归德府星星堡村"）。为了抵御金兵，归德军人依托有利地形，选择了今天的"打架山"作为守卫的基地，又在最高峰——西黄山顶建造了围墙和堡寨。战时，他们依托堡寨与金兵抗争，平时则在山下耕种。后来，村庄演化为唐家疃村，而他们的后代，世世代代在此山下繁衍，形成了著名的"十八户唐"。

这个故事给我留下了深刻的印象，联想起自己最初的认知，更加让人意识到真理之可贵。真相，或者真理，领会或只在一瞬之间，但追求从不是廉价的过程。人们如果不去扎扎实实坚持探求，无论经过多久，都只会在传说和想象的迷雾中徘徊不前。试想，如果不去攀爬山顶，我又岂能对山顶形貌形成第一印象？如果不去寻找文献，我岂不仍旧停留于"古人祭坛"的自我想象？除了堡寨以外，唐氏族人还记载了一段感人的故事：从南宋初年到南宋末年，族人曾两次被俘，又两次逃回祖国。绍兴十一年（1141），宋金发生了著名的柘皋之战，正史记载到金人战败，但族谱却记载金兵俘虏了许多归德村的军人。唐遗作为军人首领被捕，并被扣留于金都14年，最终他坚持返回故乡。而到了南宋德祐二年（1276），临安被攻破，江淮防线全面溃败，归德军的首领唐时清和其弟"小哥"，又被元兵抓获，并扣押于大都。在常人看来，国家已经灭亡，南宋政权已经投降，家园不复存在，又何必还要抗争呢？但唐时清和"小哥"却找到机会，从大都逃脱，竟然行程万里，徒步走到云南，参加抗元义军。"推为宣慰从史，转行中书知印，累授中庆南甸长官，寻除宣徽院所属提举司提举。"文天祥说："臣心一片磁针石，不指南方不肯休。"读到唐时清和"小哥""俱北为人役，卒能以力奋走万里外，抵云南"时，我仿佛看到了那个远去的时代，那些曾经跳动的拳拳之心。它们是我们逝去的先祖，是中华民族刚强的骨头，是这片土地纯洁的灵魂，更是巢湖北岸的夜空之中永不消逝的点点星光。

七

山村，水村

我们在山口凌村，前后一共待了一周多时间。

这一周多时间里，除了周边的大山，村庄也成了我玩耍的乐园。当时的山口凌村，人口已经开始向外流动。这种流动一种流向合肥周边（如我的姑父等人），一种流向安徽省外，特别是北京周边。一如肥东县的石塘人喜欢向上海流动，长临河则是肥东向北京输出人口的重镇，很多人从 20 世纪 80 年代初期就开始前往北京打工，到了过年期间，又纷纷返家，共度新年。这一时期，山口凌的老宅保存得十分完好，很少遭到破坏，所以那个冬天我所看到的，基本上是一个完整的，仍然活着的传统村落。

这个依然活着的村庄，有着谜一样的空间格局。从平面上看，它完全不像是一个江淮战乱地带的小村庄，而是一个非常符合中国传统风水观念的吉壤。中国传统的环境观，特别是南方地区的风水观念，强调"阳宅"的选择，背后一定要有所依靠，同时强调前方和两侧，要有所围合。山口凌的背后有白马山作为靠山，前方也面对一座小山，叫"面山"，面山矮矮的，十分和缓。村庄左右两侧都有山冈，所谓"左青龙、右白虎"，也都能够满足。而村庄南边和面山之间，是那条迷人的羊肠小道，这算是一条"来水"。这条"来水"从山冈翻过，大部分情况下还是带来了财富和机遇，但在战乱时也引发过灾难。1858年，太平军第二次攻陷庐州，是年太平军四处出击，在许多地方和团练武装发生了激烈冲突。农历七月二十日，凌家山口也迎来了一支太平军，并爆发了激战。

除了这些偶尔的战事之外，山口凌实在是个安详的乐园。在这个乐园里，有山、有水、有池、有塘。塘边还有梯田，从西向东，一直延续到长临河镇的广袤田野。春季到来，农民在田中劳作，老牛在水中"打汪"，村庄里果树盛开，村外的田中喜鹊喳喳直叫，实在是个桃花源般的所在。这个桃花源，在它的入村小径没有今天这样宽阔之前，像一个上了锁的宝盒，一个声音的黑洞。很多年里，我都把它当作心烦意乱时的避难所，无论遇到怎样困难之事，到这里，只要待一待就好。很多时候，我感觉大地像历史的磁盘，它会记录这里发生的一切。宁静的山口凌村数百年间平和、稳定、健康又安详的时光，记录在它的泥土里、空气里，使得到来的人们，能在第一时间感觉到，并融入其中。

山口凌的巷道

除了这种大的空间上的特点以外，山口凌村的建筑空间也是错综复杂的。山口凌村建在山坡之上，从北向南起伏很大。而村庄的外围又有一些小的岗地，使得整个村庄高低起伏，颇有趣味。从建筑的风貌来说，似乎可以分为核心和边缘两个层面。核心层面，是村庄最中心，也就是姑父所住的那些巷子所占据的空间。从东到西，大概有十条左右。这些巷子依次排列，从空中看很规则，其中的建筑平面大小近似，如同盒子一般，村庄则像是用小盒子排成的一条条长龙，再左右排列而成。这些长龙和长龙之间，是巷道，中间修有明沟，院子里则修有暗沟。明沟和暗沟的水都汇入村庄南部的水塘之中，水塘是半圆形的，俗称"太平桶"，顾名思义，是确保村庄太平无事的防火设施。"太平桶"承接的都是山水，其东南方向有一个水闸，从中流出一股水到村南，这股水流入冲田之中，再用于生产。

　　这种集生产和生活为一体的排水系统，维系着整个村庄数百年的正常运转，也构成了作为传统村落的山口凌村最核心的历史建筑空间。除了核心区域的空间系统以外，边缘区域也很有特色。这个边缘地区，主要是指村庄的北部近山地区。为了缓解水患，村人还在这里修建了两口池塘，这两口池塘专门用于承接白马山上的落水。因为其水平面高于整个村庄的屋面，所以几乎可以说是整个村庄的"悬塘"。这个悬塘既缓冲了山水对村庄排水系统的冲击，又起到了蓄水的作用。从悬塘开始，到村庄巷道和民居地下的排水渠，之后再到村南的"太平桶"直至生产性水塘，整个体系浑然一体。联系整个村庄建筑体的空间关系，可以说整个小村，无论从整体的选址、建造还是从空间结构，都存在精巧的构思。它既是一个山村，同时，更是一个水村。

这个融山和水为一体的山口凌，究竟形成于什么年代？从后期调查的住宅年代判断，推测其主体建筑空间应该形成于明代早期。《凌氏宗谱》中记载了山口凌始祖的名字，叫"凌载一"，凌载一于洪武年间从歙县沙溪迁移到长临河镇。沙溪是凌氏在徽州最原始的聚居地，据说该家族是东吴大将凌统的后代。唐高宗显庆元年（656），凌统第13世孙凌安至歙县任职，娶妻汪氏，于是定居于此。至明代，凌安之后人，有凌载一及兄弟从徽州外迁。据说，为了避免日后不能相认，载一与两个兄弟将一块鳌鱼图版砍为三段，之后他留在此地，成为长临河地区凌氏的始祖。凌载一生有三子，分别为凌朝荣、凌瑚荣、凌福士，其中凌福士成为长临河镇凌福寺村的始祖。而凌朝荣和凌瑚荣，都随父母葬于山口凌村庄西边的祖茔，说明山口凌就是凌氏从徽州迁移而来的最初地点。或许是这种先后的传承关系，凌氏宗祠也建立于山口凌村的西部山冈，而当地人也将山口凌村称作"老山凌"。

"老山凌"显然是一个很有特色的明代徽州移民村落。它的选址特点，很可能是600年前的徽州移民精心选择的结果。这个地方多山而易遮蔽，"形势既称雄浑，山路尤为扼塞"，和徽州的地形条件十分近似。凌载一似乎正是按照家乡的标准选择了这样一个地理空间，作为家族未来发展的舞台。以后，山口凌的先人又对村庄的水系进行了整理，对空间进行了规划，慢慢地创造出了这样一个隐蔽、安宁、美丽的江淮村落。

八

土 坯 房

　　除了山水、建筑和风俗，山口凌还有很多动物，也让人十分着迷。

　　必须说的是，因为环境的原因，山口凌本身是一个野生动物园。不用说早晨醒来，我总是被各种鸟鸣自然地唤醒，或者中午睡觉，也偶然会被路过的山羊打扰。据说这里还有狼、狐狸、野猪，至于野兔，想必在当地更是数不胜数。据姑父的兄弟说，原本这里还有狼群出没，在他年少的时候，山区的狼最为繁盛，他曾被一条狼尾随至家，险些被其袭击。还有一次，我们在下山的时候，看到一块巨大的岩石，里面有个小洞，姑父说："看！这是狐狸的洞。"我探头去看，里面黑漆漆的，但可以看到有几根雪白的鸡骨头。

　　除了家禽以外，村里最常见的，还是猪和牛两种动物。

　　之所以要把这两种动物拎出来说，是因为在这个小小村庄里，它们始终和人类的关系十分密切，而且与山口凌村保存的一些很简陋的生土建筑之间，也存在着十分密切的依存关系。

这种生土建筑，也就是农村常见的"土坯房"。土坯房是一种古老的建筑类型，在山口凌村很常见。一种是用土坯砖来砌筑的，一种是整体夯筑而成。土坯砖是一块一块的，和红砖类似。它的制作方法是先把黄泥和熟，之后揉在一种木质的盒子里，将其脱模后，晾干，再慢慢砌筑成墙。其制作的过程有时候也称为"托土基"。在经济困难的时代，托土基是很多男人都会的一项技能。它制作相对简单，就地取材，很快就能满足一座建筑的材料需求。我们在长临河地区，现在仍能看到这样用土坯砖砌成的房子，房龄一般都在几十年左右。而整体夯筑的建筑，其技术来源则更为久远，这种建筑技法来自中国古代的"版筑"工艺，是一种有着千年历史的技术"化石"。《孟子》言："舜发于畎亩之中，傅说举于版筑之间……"这里的"版筑"和山口凌所能见到的一些土坯房所用的工艺并无二致。建造版筑的房屋时，人们根据需要先确定墙体长宽，制作木板加以围限，之后往里添加黄土，并一层层地锤实。为了增强筑体的牢固程度，泥土中还要添加稻草、枝条，或者添加瓦片、陶片、瓷片、碎砖等。说到底，添加了各种碎片、筋料的版筑墙，就是一种原始的混凝土墙。它们结构坚实，强度极高，历时久远而不变形，同时，由于压实紧密，不易渗水，比土坯砖有着更优秀的物理性能。山口凌的一些版筑建筑，墙基还用碎石作为基础，在宋代被称为"隔减"，这些都是来自久远年代的建筑符号。

这种朴素而坚实的生土建筑，在现在已经不是很多了。多数往往是都是充当牛屋和猪圈。说到猪圈，我又想起了一桩有趣的事。记得后来，我姑父在巷子口另外盖了一幢新屋，新屋虽然是红砖砌成的，但西边却有一个小厕所是用土坯砖砌成的。这个厕所很简单，只有一个蹲坑，还兼了堆房的功能，因为只有一个小窗，所以十分昏暗。有一天，我进去上厕所，刚刚蹲下，却听见身边突然传来一阵哼哼声。扭头一看，才知道原来身边还有一只小猪。这头猪住在昏暗的厕所里，一看到人来了，就立刻从栏里探出头来，它的表情看起来很好奇，仿佛是在找人聊点什么，或者要什么东西吃。这个体验在昏暗的土坯屋里，总觉得让人难以忘怀，细究起来，这应该也是山口凌传统农业生活的一种积习。毕竟，中国古人一直有让猪食粪便的习惯，《太平御览》称："朔人献燕昭王以大豕，曰养奚若，使曰：豕也，非大圊不居，非人便不珍，今年百二十矣，人谓豕仙。"我们从出土汉代冥器中，也能看到很多猪圈和厕所合二为一的做法。这种做法并不卫生，会让猪感染疾病，并传染给人，当然并不值得鼓励。

但牛屋就不太一样了，在很多时候，牛比猪显得有人情味多了，它们和人类相互依存，共同生活，感情深厚。记得有一次，我在一个村庄考察，看到一个瘦弱的女人骑在牛上无精打采地走过，旁边的人等牛走了以后，对我说：

山口凌的夯土建筑

"这头牛很有灵性，这个女人身体很差，上次她在放牛时晕倒了，这头牛不知怎么把主人驮到了背上，就像今天一样慢慢地走回家来了。"

在山口凌的农人眼里，牛也是可以相依为命的动物，很多老牛都生活在夯土做的屋子里，不仅如此，有时连人也会和牛共同生活在一起。记得有一次，我和姑父的父亲凌美泉爷爷一起把牛赶进村西的一个土屋里。凌爷爷说，他今晚不回去了，就和牛睡在一起。我问他："你睡在牛屋，难道冬天不冷吗？"

凌爷爷说："根本不会，这个土屋很保暖，老牛身上的热气又大，牛屋一会就暖烘烘的。每次和牛睡在一起，半夜都要热得淌汗。"

这段话给我留下很深的印象。是的，在山口凌这样的小村，人和动物的距离太近了。那只狼能够跟随着姑父来到村庄，鸟儿早晨几乎能够把人的耳膜"震破"，一只猪会莫名其妙地在蹲坑边发出奇怪的哼哼声，而凌爷爷在冬天的晚上会和老牛挤在一起睡觉……这些是多么奇妙的场景！这种和动物近距离的接触，坦率地说，我只在动物园里见过，不过那是隔着一张铁丝网的，不算真正的亲近。但在山口凌村，却有着如许丰富的体验。是的，自然是乡村的外环境，也是乡村生活的参与者。动物是自然界重要的组成部分。供动物居住的土屋，如果能保留，当然也要尽量保留一些。它们反映着这个小山洼里，造物主与人类的天伦之乐。

九

侨　乡

自从儿时的那趟打开了通往长临河大门的旅行，我就和这片土地结下了不解之缘。到了大学，因为所学专业使然，我经常去巢湖北岸考察古村落和古建筑，也就经常来往于长临河和学校之间。和儿时不同的是，这时的道路似乎好了很多，车子也多了一些。当时，从合肥到长临河镇方向有两种车可以坐，一种是沿着店忠路一直向南，终点站在中庙镇；另一种则是终点站在湖滨。湖滨即今天的六家畈村，当时是湖滨乡政府所在地，而中庙则在湖滨的南边。到湖滨方向的车子很多，到中庙也很多，但直接到长临河镇的车子却几乎没有。

那时的我，和长临河的接触主要是沿着这个方向进行的。因为没有地图，我对沿途也并不熟悉，所以在中途下车考察的情况很少，一般都是直接坐到六家畈然后下车。

说起六家畈，我并不生疏。一则，童年时第一次到长临河镇就是在这里下车，比起长临河镇来说，六家畈似乎与我有了更多的缘分；二则，六家畈是捆绑了外公很多深刻记忆的地方。那段时间，我经常听外公说起他的往事，他是20世纪20年代出生的人，虽然当时已经80多岁了，但记忆力仍然很好，对于人生中的一些重要事情都能清晰地记得。那时，他经常向我回忆儿时和家人一起去中庙朝香的情景。那趟旅行中有几样东西让他终生难忘，一是中庙朝香的盛况。在香烟缭绕中，人们念着唱词跳着舞蹈，这一幕让外公久久难以忘怀。二是六家畈的宏伟。在他的记忆里，六家畈的建筑物，远比当时合肥城里的要高大许多。

是的，当时的六家畈，确实是巢湖北岸一个拥有经济和政治实力的发达小城。这座小城在民国时期的盛名远超长临河镇。1949年2月，国统区的一份报纸《纽斯》，报道了解放军解放合肥后，打算在六家畈设立"湖滨县"，或许可以算作是"湖滨乡"名称的滥觞：

"至上月共方中原人民政府下令改合肥城区为市。任前新四军政治工作人员郑懿贞为合肥市市长，同时并将原属合肥县辖四乡划为四个县，滨巢湖区为'湖滨县'，县府改设在六家浜（吴忠信）的故里，县东乡区改为'肥东县'，县府设店埠，县西乡区改为'肥西县'，县府设官亭，与寿县接境之乡区改为'肥北县'，县府设在'罗集'，于是一个县便这样改为一个市四个县了。"

修缮一新的吴毓芬住宅

这则新闻里的"六家浜"，显然是六家畈的讹写。虽然在明清两代，合肥南乡的范围未必包括六家畈，但从新闻中看，六家畈在民国时的合肥滨湖地区具有首屈一指的影响力，倒是毫无疑问的。之所以称它具有首屈一指的影响力，是因为它有几个十分重要的特征。一是六家畈吴氏的经济实力十分雄厚。在环巢湖地区有着大量的土地，巢湖北岸暂且不谈，据20世纪20年代的一份资料显示，吴氏所控制的巢湖沿岸的圩田，最南即可抵达庐江的齐头嘴地区。其二是政治实力雄厚。从淮军第一代将领吴毓芬等人开始，六家畈子弟在近现代军事舞台上逐渐拓展，并赢得了较高的社会政治地位。从吴毓芬同时代的吴毓兰、吴球贞、吴谦贞、吴育仁、吴桐仁，到近代的吴中英、吴中流、吴光杰、吴渤海、吴近义等，六家畈代有名人出，如群星璀璨，闪耀在近现代的历史舞台上。其中军事理论家吴光杰之著述达19种之多。其三是社会关系体系庞大。以六家畈为中心，吴氏形成了涵盖整个湖滨乡甚至更大范围的社会资源体系。这个体系在战争中表现为军事政治势力，后期又散布于世界各地，从而使得六家畈有了"侨乡"的称谓。根据20世纪90年代初的统计，整个湖滨乡有三胞人士400多户、1500多人，其中台胞159户、990多人。侨胞多散居在美国、加拿大、英国、法国、澳大利亚等13个国家和地区。全乡三胞眷属910户、4997人，占全乡总人数的四分之一。也就是说，以六家畈为中心的整个湖滨乡，四分之一人口与世界各地有着各种密切关系。所以，可以说六家畈及其周边地区是近现代整个巢湖流域最具全球化色彩、经济最为发达的区域之一。

不过，虽则如此，在我考察时，昔日辉煌的六家畈也只剩下了它模糊的背影。虽然通过这个背影还能对六家畈的盛况窥探一二，但多数已经难以辨识。1991年的洪水，使得六家畈大量的古民居遭浸泡损毁，剩下的一些也遭到严重破坏。记得那时我在村庄偶尔还能看到耸立着的高大的建筑物，但已经接近坍塌。今天已经装饰一新的吴毓芬住宅，那时还是湖滨中学的校舍。湖滨中学的老校长王超先生，于1962年回到湖滨乡任六家畈小学（原养正小学）教导主任，1963年任松森小学校长，1975年至1985年任湖滨中学校长。他的人生中有10年时光与这栋老宅有关。他为人健谈，曾和我讲过好几个关于吴毓芬住宅的"鬼故事"。总之，自从六家畈庞大的家族势力以及地方上层精英离开这个村庄之后，村庄就空了。他们的故事，以及他们曾经的居所中所发生的往事，也就不为人知了。

不管怎样，从"侨乡"这个词汇诞生开始，就说明了六家畈及其周边地区是一个在历史上发生过巨大人口流动的区域，也是一个历经过巨大的兴衰变迁的区域。侨乡如此，六家畈北部的长临河镇周边，也就是老的长临乡一带又是怎样的呢？其实，情况是一样的。长临河镇的周边早年深受战争的影响。所不同的是，这一带所经历的文明变迁似乎更为复杂，所留下的遗迹背后也展现着更久远的历史情境。长临河就像一本厚厚的被水打湿的书，许多书页早已粘在了一起，如果不一页页加以分析，就无法了解其文化的真相。

十

闹 长 毛

　　我对于长临河北部地区的调查，是从大学二年级开始的。

　　那时，我因为经常去山口凌和六家畈等地，时间久了，慢慢地就产生了对长临河其他区域——主要是青阳山地区的兴趣。到青阳山的路并不好走，主要是不知道坐什么车才能到达。我到汽车东站问了好大一圈，几乎没人知道。但功夫不负有心人，后来终于有一个人给我指了一辆车，让我到那辆车前去问问司机。

　　那是一辆不起眼的中巴车，夹在很多去中庙和湖滨的车子中间。经营这车子的是家里亲戚二人，一个人开车，一个人售票。售票员是一个矮矮的、腿脚有些不便的男人。车子上好像贴了三个字"寺门口"。我问司机："到青阳山吗？"司机说："你具体到青阳山什么村子？"我说："我就去青阳山下。"司机说："你坐我的车，到寺门口下，再向前走就到了。"

就这样，这辆孤独的中巴车，把我一路带到这个叫寺门口的村子。

这个村庄，坐落于今天的石长路上。石长路，严格来说是一条历史上的老路。这条老路像一条直线，将巢湖北岸半岛上的两个市镇——长临河镇和烔炀河镇连接起来。更精确地说，它向西还连通着南淝河岸边的一些码头，并通向合肥。所以这条道路在历史上一直有比较重要的军事、经济和交通的意义。和我们在六家畈村领略的近世繁华不同，寺门口村有一种沉郁而久远的气息。

这是一个建在古道南边的小村，它的北边是一座古老的寺庙，叫长宁寺。寺门口和长宁寺隔古道相对而建。一面是人间的烟火，一面是彼岸的祈求。按嘉庆《合肥县志》，长宁寺建于唐代，有 1000 多年的历史。据敦煌《诸山胜迹志》，唐代合肥地区佛教极为繁盛，"西行七百至庐州，其城周围卅里，僧尼千余人"。很多合肥周边的寺庙都和唐代的宗教繁荣有关。而寺门口村，又是一个名副其实的"半边街"。由于它的北侧正对古寺，因此村庄沿街建有门面，经营香烛和各种商品。每到佛教节日，寺门口一带人山人海，周边各村均来朝香。从寺中保留的一块古碑碑文中可以看到，从各个方向向长宁寺集聚的人中，鱼龙混杂，已经给当地造成了严重的治安问题。

但我所见到的寺门口和长宁寺，已然不复当年的盛况。

长宁寺今景

它变得寂寞而沉静，这一切都与太平天国运动直接有关。

从历史的角度来看，太平天国运动带给古代的长临河人与其说是破坏，不如说更多的是机遇。巢湖北岸半岛的复杂地理形势，决定了太平军不大可能深入作战。同时，战争所带来的作战机会，又促使着这一代的乡村因为军事地主的产生而迅速崛起。但寺门口所在的长临河北部地区地形平坦，很容易进行军事行动，所以太平军在此活动十分频繁，长临河镇的非物质文化遗产"牛门洪拳"，据说就和牛氏族人参与太平军有着密切关系。而无论是长宁寺还是它北边今属撮镇范围内的长乐寺，都不免受到战争的侵袭。战争对这一带的破坏在文献中有零星记录，但在民间记忆里却有着深刻的印痕。记得最初来到寺门口村的那段时间，我在村里走动，看到很多旧屋大门紧锁。有一栋老宅在巷子的正中心位置，从外面看起来很精美。我从门缝向内看，格栅门紧紧地关着，地上满是落叶，空气沉静而凝固。一位妇女从旁边走过，问我在做什么？我告诉她，我在看村庄的古建筑，她就和我谈起这栋宅子的来历：

"这个老宅传说是一个大地主的。听村里长辈们说，这个地主娶了一个小老婆。'闹长毛'时，地主带着其他人都跑了，他的小老婆舍不得这个家业，就留在家里。结果长毛走了以后，地主带着家人回来了，一进家不多时，就发现小老婆的脑袋被人砍了，头被扔在了屋顶上。"

这个故事让人毛骨悚然，同时又不禁让人想到了鲁迅在《朝花夕拾》里讲的一个类似的故事。当时，他家有个保姆叫阿长，阿长曾经和他说起过一个恐怖的故事：

"先前长毛进城的时候，我家全都逃到海边去了，只留一个门房和年老的煮饭老妈子看家。后来长毛果然进门来了，那老妈子便叫他们'大王'，——据说对长毛就应该这样叫，——诉说自己的饥饿。长毛笑道：'那么，这东西就给你吃了罢！'将一个圆圆的东西掷了过来，还带着一条小辫子，正是那门房的头。煮饭老妈子从此就骇破了胆，后来一提起，还是立刻面如土色，自己轻轻地拍着胸脯道：'阿呀，骇死我了，骇死我了……'"

这两个极为相似的故事，代表了 19 世纪下半叶中国社会在战争中的某种恐怖状态。我想，因为恐怖中的记忆过于深刻，所以一直保留在寺门口村人们的心中。除了这栋特殊的房子所留下的记忆以外，寺门口还有一栋房屋，保留了太平天国运动中战火的痕迹。有一次，王超校长特意将我带到他在寺门口的老宅里，那是一栋十分精美的清代中早期的住宅，装饰华丽，风格浑朴，在长临河地区并不多见。值得注意的是，这栋建筑的梁架有一处被火焚烧的痕迹。这处痕迹位于该栋房屋靠东的一间，长 10 厘米左右。在其旁边的屋架是后来拼接的，据说是原来的那扇屋架被火焚毁了，主人将其拉掉后重新替换的。这处火焚的痕迹，是本地区留下的一处十分珍贵的历史见证。对这样的见证应该予以保留和纪念。

十一

罗 城 寺

我在寺门口村，认识了一个叫武明星的孩子。

那时，武明星正在长临河中学读高中，而我因为调查古建筑，走进了他的家。武明星家的老屋听说是土地改革时分给他们的。原来的主人十分富有，他们住的房子装饰华丽，梁架上雕刻的图案十分精美，有很多狮子盘桓在梁架的下方。明星的父母都在家里做活，十分淳朴。我和明星一来二去熟悉了，他在学习之余，也陪我去周围转了好些地方。那时候，我们一起去寻找了一个十分著名但又神秘的寺庙，叫"罗城寺"。

说起"罗城寺"，长临河镇周边的人几乎无人不晓。它似乎是一个传说，到现在还是谜一般的存在。记得那时，我在长临河镇遇到的人只要一提起古庙，立刻就有人说："罗城寺被拆掉太可惜了！"在人们的描述中，罗城寺就在

罗胜四村传统建筑

寺门口附近。它有着异常华丽的门楼，号称有九十九间半的房屋、僧舍，在长临河首屈一指。但可惜的是，这个罗城寺后来却消失了。

这样宏大的一座古庙，当然会引起我的兴趣。我和武明星从寺门口出发，按照乡人指引的大概方向，去了寺门口西北方的一个村子。这个村子和寺门口相距不算太远，规模很大，绿树成荫。所有的房屋从东向西一字排列。我们在村里找来找去，也问了很多人，但始终没有找到罗城寺的遗址，也没有看到什么残碑断碣。只见到一个老祠堂，是硬山建筑，体量很大，存留了一进房屋，掩映在丛生的绿树里。

这么大的罗城寺竟然完全消失了，现场也没有发现像样的痕迹，这是怎么回事呢？我和明星都感到很迷惑。因为历史的原因，巢湖地区确实拆毁了一些寺庙，但多数都会留下一些遗迹，很多还因用作校舍而得以保留。假如罗城寺真是一座规模十分宏大的寺庙，那么即便遭到破坏，相信也不至于不留一丝痕迹，我对此十分不解。多年以后，我在别的地方也遇到了类似的情况，在肥东县马湖乡，当地传说有一个叫"竺梵寺"的寺庙规模很大，有一句俗语形容："打马跑山门，铁耙和尚头。"说的是竺梵寺大到需要骑马才能从大门走到后头，但我去竺梵寺的遗址，看到一个小庙，地上有一小片瓦砾，并未发现大规模的遗址存在。类似的传说，也同样存在于江淮之间的其他地方。罗城寺，会不会像"竺梵寺"那样，虽然存在，但并没有那么大，而人们对它的描述，多少带了些夸张的味道？

对于这个疑问，我曾向肥东县博物馆彭馆长请教。据他说，他曾在村中调查，也听过类似的传说。但他怀疑，罗城寺可能是"罗圣祠"之类的误读。而罗圣祠，是否就是罗氏祠堂的别称？对于这个假说，我觉得有一定的道理，但感觉其实并不那么简单：无论是罗城寺，抑或是可能存在的罗圣祠，也许它们在历史上都是确实存在的建筑。只是，这个寺或者祠，估计没有传说中讲的那么大。我怀疑罗城寺得名的主要原因，是当地人把地名和建筑混在了一起，形成了一种模糊的信息。在长临河当地有类似的情况，比如，在山口凌村的不远处，有一个村庄叫"凌福寺"。凌福寺村的始祖名叫凌福仕，他是山口凌村始祖凌载一的三儿子。在长临河当地，"仕"的发音与"寺"相同，凌福寺一名应该来自凌福仕一名，和寺庙并无太大关系。但当地虽无"凌福寺"，据长宁寺的僧人说，却有一个古老的"汪神庙"。汪神庙，也叫汪华庙，是徽州常见的民间祠庙。徽州地区流行对唐代歙州刺史汪华的信仰，就像巢湖北岸、江苏句容等地移民建有"梁帝庙"一样，是徽州移民北迁过程中原始信仰的遗留。而当它独树一帜地建造于村庄旁边之时，人们就很容易把汪神庙和凌福仕的名字给弄混了，可能在某个时期，人们听到了"凌福仕"这个村名，又听说当地有个大庙，就想当然地认为这个庙就叫"凌福寺"，以至于今天村庄的名字，也改为"凌福寺"了。同样的案例还见于梅寿二村，梅寿二是个普通的村名，但在几十里外的长临河北部，一位当地人却对我说：南边有个村庄叫美十二，据说历史上曾经出过十二个美女。人们相信梅寿二出了十二个美女，和人们相信汪华庙就是凌福寺，其实是一样的道理。

从这点来说，罗城寺名称的形成，应该也经过了同样的过程。我们考察的这个村庄，多年后知道，它的名字也就叫"罗胜四"村。因为名称和凌福仕近似，末尾也带个"四"字，估计人们说着说着，就把"罗胜四"和祠庙的名字混合，以至于最后形成了"罗城寺"，这样一个介乎于建筑物和地名之间的复合体。这个复合体之所以能得以流传，很大程度上和长临河传统社会的交通不便与交流受限有关。在农业时代，人们的流动性并不大，除了走街串巷的小贩，绝大多数人一辈子的主要活动场所，还是局限于一些与自己关系密切的、有亲缘关系的村落或者它们之间。稍远的地方，如无必要，对他们来说是不太来往，并且也不必来往的。这种情况持续了相当长的一段时间，甚至到我考察寺门口时，还听说武明星从未去过四顶山，他对四顶山上的情况颇感好奇。这种好奇的存在，说明了以往的长临河镇，在历史上也因为地理和历史的原因，天然地被分成了南北两个彼此联系但又相对独立的社会。

十 二
青 阳 镇

　　顺着长宁寺面前这条大路，一直走，不多远，就可以抵达青阳山了。

　　青阳山可以说是长临河文化的发祥之地，一方面，它是长临河镇的母亲河——长临河的发源之山，同时也是长临河镇的财富之山。在青阳山下，有一座大水库，横跨在长临河的上游，这个水库叫"乌金陂"，据说是古代的先民为了寻找一根价值连城的金链条而挖成的。青阳山下曾经有座古镇，就叫"青阳镇"。

　　青阳镇是历史上有明确文献记载的长临河地区的古代集镇。按《元丰九域志》记载，宋神宗元丰年间（1078—1085），合肥县有十一乡，四镇分别为："段寨、青阳、移风、永安。"根据谭其骧先生主编的《中国历史地图集》，青阳镇就位于巢湖北岸半岛的巢、合交界位置，也就是今天的青阳山下，当时，这里是人烟密集之地，并属于合肥县所管辖。

关于青阳镇的资料并不是特别多。现有的材料基本集中于经济和战争两个方面。根据这些文献，我们可以推断，宋代的青阳镇具有以下两个主要特征：

第一，它是一个人烟稠密但规模不算太大的商业中心。

北宋的镇和唐代的军事藩镇是有所不同的，它和日益发达的商品经济高度关联。许多镇从草市开始发展成型，后因课税需要而设官立镇。青阳镇既设置于青阳山下，就证明此地在宋代及以前已有相当多的人口，且是合肥东部地区最重要的商业中心。笔者在《宋会要》中找到了北宋熙宁时期青阳镇的课税情况，其中青阳镇"四百三贯一百七十七文"，这些税种都是来自"酒务"所征收的酒税。宋代实行酒类专卖制度，官酿官卖，寓税于价。宋代在京城榷曲，州县城官卖，乡村则"募民掌榷"，实行包税制。酒务的存在，印证了这里已经有相当的人口集聚和商业文明，但"四百三贯一百七十七文"，在宋代庐州地区并不算太高。根据同书记载："庐州旧在城及慎县、舒城县、九井、青阳镇、故郡六务，岁五万八百八十二贯。熙宁十年在城五万三百一十五贯八百八十七文，慎县一千九百七十一贯二百一十七文，舒城县八千八十七贯五百三文，青阳镇四百三贯一百七十七文，九井镇一千二百九十六贯六百三十六文。"相比之下，青阳镇的酒税数量只有舒城的二十分之一，只有九井（今舒城县万佛湖镇九井村）的三分之一，更远远低于当时的合肥，仅有一百分之一不到。可见，当时庐州东部地区经济并不是十分发达。不过，虽然如此，青阳镇仍然支撑了巢湖北岸的一片久远的繁华。

第二，青阳镇地处合、巢通衢，曾受到宋金战争的波及，并爆发过激烈的战事。

这场战事发生于绍兴十一年（1141），是宋金在巢湖北岸一系列战斗中的一件。绍兴十年（1140）七月底，随着岳家军班师，中原地区乃至淮东地区的抗金战争都已结束。金军统帅兀术在这年秋冬之交到燕京朝见了金熙宗，随即返回开封，准备以重兵南侵淮西。当时，宋朝在淮西有三支大军：淮西宣抚使张俊8万人，淮北宣抚副使杨沂中3万人，淮北宣抚判官刘锜2万人。此后，金军从1140年底开始逐步由开封附近诸地向南移动。绍兴十一年（1141）正月中旬，兀术、韩常等人的部队渡过泚水，攻占寿春。二月三日进入庐州，长驱而南。宋廷面对金军的攻势，急令大将刘锜、杨沂中、张俊分率所部渡长江抗击。正月中旬，刘锜部首先自太平州（今安徽当涂）渡江；下旬，军至庐州（今安徽合肥），见城内民众逃散，兵力薄弱，缺乏防御器具，难以坚守，遂退兵东关（今安徽含山西南），据险扎营，钳制金军，而金军进占庐州。此后，金兀术遣大将韩常等率部分兵力继续南进，攻取含山、和州（今安徽和县）等地，宋军则向东进击，双方遂在地形复杂的巢湖北岸地区展开了一系列的混战。

这些混战被统称为"柘皋之战"，发生于柘皋的战事即

宋代青阳镇的位置　图片来源：谭其骧主编，《中国历史地图集》

是这些混战的高峰，后来也成为这场南北对决的代名词。从二月初开始，张俊、杨沂中部先后渡江，击败金军，随后刘、杨、张三军分路进击，收复清溪（今安徽含山西南）、含山等地，金军败退柘皋。直到二月十八日，双方展开大战，宋军取胜，乘胜收复庐州为止，整个巢湖北岸的战斗长达 20 天。这 20 天里，除去决战之外，双方都有大量的俘虏和斩获（前文提到的炯炀镇唐氏族部众被俘虏至北方 14 年之事，也发生于这一系列战事之中）。在《宋会要》中所记载的多场战斗中，多次提到绍兴十一年（1141）

二月十四日，也就是柘皋决战爆发前四天，在青阳镇爆发的一场遭遇战。据记载，宋统制戚方，在二月十四日抵达青阳镇，结果在此遭遇到金兵的骑兵。当时，金兵一路从庐州沿古道向青阳镇掳掠，俘虏了大量的百姓并掠夺了很多牲畜，正在享受"战果"，不巧与西进的宋军遭遇，双方随即展开鏖战。据文献记载，在青阳镇的这场激战中，金兵大败，宋军除杀死金兵外，还生擒了金兵和战马甚多，夺回了大量被金兵抢夺的当地百姓和牲畜。《皇宋十朝纲要》也记载："甲申，统制戚方等击破金人于合肥县青阳镇。"

应该说，这场遭遇战比起"柘皋之战"这种上十万人规模的战斗，并不算是十分著名，而它所取得的战果，虽然十分振奋人心，但由于它过于靠近四天后的决战，因此后来还是被很多人所遗忘。从今天的视角看来，青阳之战未尝不是宋金巢北之战中，宋人利用有利地形进行战斗并取得胜利的又一案例，或者说也是柘皋决战取得胜利的前奏之一。结合青阳山一带的地形来看，可以大概窥探从东向西进攻的宋军相对于从西向东过境且以俘虏人口和掠夺财富为目的的金兵所占据的两大有利形势。一方面，古道从西向东，地形逐步抬升，宋军由东向西进发，正处于十分有利的俯冲状态；另一方面，从今天保留的古道——也就是石长路走向来看，它在青阳山的北部恰好向北弯曲，形成一个从寺门口方向向东难以窥探的视觉死角，这个视觉死角，正好给向西进攻的宋军提供了一个绝佳的隐蔽场所。虽然文献中的记载相对简略，但我们完全可以通过寥寥数笔，结合现场情况，想象出双方"遭遇"的一些细节：沿古道向西进发的宋军，极有可能在古道在青阳山下的拐弯处，已经发现在青阳镇掳掠的金兵，并做好了准备。之后沿着道路，向西突然俯冲进攻。金兵虽为铁骑，但在这场完全不对称的冲杀中瞬间失去了战斗能力。接下来的 4 个小时，便成了熟悉地形的宋军对金兵的一次围剿，加之金兵掳掠的人口和财物过多，行动不便，宋军在青阳山下很快"完胜"金兵。

当然，这样的结果必须有一个条件，那就是青阳镇必须位于青阳山西侧的某个位置，而不能位于北侧、南侧或者东侧。因为只有在西侧，宋军才能先有隐蔽，又取得突击的成效。近年来，在第三次文物普查中，文物部门也在寺门口村发现了大面积的唐宋聚落遗址，证明了青阳镇位于西侧的寺门口村位置是完全可能的。如果它位于寺门口村，那么古镇和古寺的融合关系也就合情合理了。不过，虽然曾经有过上述繁华盛景，但人、马、牲畜的混战，势必给青阳镇带来很大的破坏。元代，余阙居住于青阳山下的青阳山房。时人所著《青阳山房记》里记载了青阳山周边"古人之所争，今人之所赏，遗墟奥壤，可喜可谔"，说明宋金战事的记忆和遗存在青阳山下仍然保留。这些遗迹可能就分布于青阳镇附近，今天，我们所发现的"寺门口遗址"可能就是其中之一。

十三

青阳山房

余阙所建的青阳山房，是长临河历史上一处重要的文化遗迹。

余阙（1303—1358），字廷心，一字天心，生于庐州，先世居住于甘肃武威，是古老的游牧民族党项族的后裔。余阙于元统元年（1333）进士及第，授同知泗州（安徽泗县）事。至正十二年（1352），代理淮西宣慰副使、都元帅府佥事，分兵守安庆，后与陈友谅起义军作战而死。由于余阙的作战对象是朱元璋的敌人，且其早年与刘伯温等人有所交好，因此和许多同样代表元廷与农民起义军而作战的元朝将领的结局不同，明王朝对其大加褒奖，并加以纪念。在长江中下游地区，余阙生活、战斗以及后裔生活的地方有好几处，如清代合肥东门外和常州余阙后裔居住之处，都有余公祠或余阙庙。安庆老城中有一处隆起的山冈，备极亭台楼阁之胜，名大观亭，也是为了纪念余阙死难而建立的。

余阙既有武功，又颇具文采。任泗州同知后，曾"应奉翰林文字，以不阿权贵，弃官归"。后，因元廷编修辽、金、宋三史，又复召入翰林，参与修撰。作为一个元末明初生活在青阳山下的历史名人，余阙所筑的青阳山房曾名噪一时，时人留下了这样的记述：

"青阳山房，在今庐州东南六十里巢湖之上，因山为名，武威余公读书之处也。余公之未第也，躬耕山中，以养其亲，即田舍置经史百家之书，释耒则却坐而读之，以求古圣贤之学。是时未有青阳山房之名也，及其出而仕也，不忘其初，乃辟其屋之隘陋而加茸焉，益储书其中，冀休官需次之暇，以与里中子弟朋友讲学于此，于是始有青阳山房之名。"（《青阳山房记》）

这段对青阳山房来历的记述，有两个信息点是值得注意的：

第一，青阳山房并非一开始就是"书房"或"山房"，而是一处普通的民宅。这处民宅是余阙和父母居住的地方。当时余阙在家中读书考试，做官后才进行了修茸，因"里中子弟朋友"常在家中研学，故而慢慢有了"青阳山房"之名。所以青阳山房与其说是余阙读书之处，不如说它原本就是余阙故居的别称。

第二，从上下文看，余阙和父母长期居住于此。这处山房所在的位置，应该是一个有一定规模的，并且带有军事性的聚落。

　　之所以有这样的判断，主要是根据余阙及其同族的党项军人在合肥的社会身份来决定的。根据《青阳集》，余阙所处的时代，合肥城中的党项军人均为庐州路总管府所统辖。庐州路总管府设立的主要目的，是协助元朝政府强化对内地的控制，严格来说，它是明代庐州卫设立的滥觞。余阙出生于在元朝有较高社会等级的色目人军人家庭之中，他和家庭的所有活动不可能如《青阳山房记》中所说，仅仅是"躬耕山中，奉养其亲"的小农生活，而"释耒则却坐而读之，以求古圣贤之学"，可以理解为类似"雍正耕织图"那样，是后人对其真实家庭生活的一种相对浪漫的书写方式。余阙所居住的村庄，其真实的情况应该是类似巢湖北岸许多明代军籍村落——如"军王""军张"那样，属于卫所体系控制下的融合守御和农耕为一体的聚落（也可能是个镇）。这个聚落，大概率是依托原本就带有军事价值的青阳镇，也就是在今天长宁寺和寺门口村的位置之上建立起来的。

　　如果这种推测是正确的，那么青阳山房同样是长宁寺和寺门口村历史上存在的一处重要的文化遗迹。这处文化遗迹之产生，起先于它的军事与农业融合的产业特点，后发展为文人集会的文化场所。余阙是党项人，从其行文中可知，他极为热爱合肥这座城市，完全将其看作自己的故里。作为一个随先辈迁入合肥不过数十年的移民，余阙对合肥这座城市的评价，在带有浓郁乡土情感的同时，更具备强烈而复杂的民族感情，这种感情和党项民族的命运密切相关。1038 年，党项人李元昊称帝，建国号大夏，也称西夏，立国不到 200 年，文明昌盛。1227 年，西夏被蒙古灭亡，族人遭受蒙古人屠杀，族群也成为蒙元所属的色目人之一种。失去了国家和民族身份的党项人，渐渐为藏族、蒙古族、回族等族所同化，他们的文明也长时间消失于史籍之中。而庐州地区保留的这支党项族群，是这一民族在元代整建制存留的重要分支。从余阙所存留的文字中，可以发现这个生活在相对独立的世界中的党项族群，在与合肥这座城市文化融入过程中发生了十分微妙的互动关系。首先，就民族身份认知而言，作为被战胜和奴役的西夏国的后裔，余阙从未忘记其祖先的身份。在《送归彦温赴河西廉使》一文中，除了赞颂党项民族的豁达、热情、勇猛之外，又多次使用"夏人"来指代当时合肥的党项族群，而以"国中"来称呼当时的西夏故地。这说明在余阙的心中，西夏并没有死去，而"夏人"更是真实存在的。而就与合肥文化的融入性而言，余阙很特别，也很反常地歌颂了合肥军民在宋元战争中的顽强抵抗，以及宋亡之后，对于元朝俸禄所表现出的淡漠：

"其民质直而无二心，其俗勤生无外慕之好，其材强悍而无屏弱可乘之气，当王师之取江南，所至诸郡，望风降附，独合肥终始为其主，守至国亡，乃出降。天下既定，南人争出仕，而少不达则怨议其上而不可止。吾合肥之民，布衣育秀者治诗书，朴者服农贾，婚丧社饮，合坐数百人，无一显者，无愠怒不平之色。"（《合肥修城记》）

党项人的装束

这种对广义的合肥人民"质直而无二心，故盗不能欺；勤生而无外慕之好，故利不能诱；强悍而无孱弱可乘之气，故兵不能怀"性格的赞颂，显然与余阙对党项民族的热爱是并不冲突的。似乎可以这样认为：合肥这座在宋元战争中的不降之城（根据余阙的记述，合肥在南宋灭亡之后才投降）地位，引发了余阙这个虽然在元代社会处于统治阶层，但就民族感情而言却是被奴役者的强烈的心灵震颤。这种震颤使得余阙心中潜伏的民族认同和对合肥的城市认同实现了完美的统一。从对共同命运的认知和理解，到对其社会文化的喜悦和融入，正是合肥这座典型的移民城市，其独特文化结构形成过程中移民心理的实现机理。

这个实现机理，也表现于现当代各阶层合肥市民对城市的文化认知之中。由于地处南北和东西交融的十字路口，几百年来甚至上千年来，从各处迁入合肥的移民者人数众多。这些原本来自不同的故乡，带着不同的口音和族群记忆的人们，在融入这座城市的生活中时，就形成他们诠释合肥城市文化的独特视角。前些年，我在参与合肥市总体规划修编下的"合肥城市文化与特色魅力空间研究"课题中，曾采访过10余位来自不同阶层和不同地域的社会人士。来自六安的新闻人李云胜老师，认为合肥的城市文化带有强烈的淮河文明的特点；而崔岗艺术家村的发起人之一，少年时代生长于由上海移民占主导的工厂区的黄琼老师，则认为合肥的文化中带有明显的上海因素，出于对海派文化的认知和欣赏，她率先在合肥的郊区创建了一个艺术家村。合肥的城市文化是一个万花筒，独特的历史和地理特征，决定了很难用一种类型、一种语言、一种特征去概括这座城市的文化特征，或许，"区位的中心性，社会的融合性，文化的多样性"才是合肥城市文化较为合适的概括方式。

这种由于历史地理环境所形成的文化类型的多样性，

以及在此过程中形成的对文化多样性的容忍，也在很大程度上影响着合肥乡土文化的色彩，使得它在具有鲜明个性的同时，也因为融入了更多的文明特征，而呈现出相对中性的色调。这种色调和合肥本土的传统建筑相对朴素的色彩与形式相协调，构成了这一地区从建筑到人文的整体层面的文化性格。青阳山下，党项移民余阙建立的这处"青阳山房"，既可以看作是一处消亡已久的建筑遗产，也可以被视为代表着合肥本土文化融入性特征的典型的多民族文化交流中心。

十四

祖先的名单

　　在对青阳山和寺门口进行调查之后，因为研究生阶段的科研任务，我基本上把精力都投入到巢湖北岸半岛东边黄麓地区的"九龙攒珠"的研究之中，对于半岛西侧长临河地区的村庄涉及并不多。后来真正地引导我将注意力投放到长临河地区来的，是在2007年的暑期调研中我所获得的一些和长临河传统村落相关的有趣信息。记得在吴兴一村，有一位村民向我念起了一首儿歌：

　　　　"一，一，吴兴一；
　　　　二，二，梅寿二；
　　　　三，三，盛宗三；
　　　　四，四，罗胜四；
　　　　五，五，张胜吾；
　　　　六，六，徐太六；

七，七，朱龙七；

八，八，罗荣八；

九，九，张永久；

十，十，千张干子豆腐长乐集。"

这首儿歌的前九句是长临河镇的九个村庄，除了张胜吾以外，基本上都分布于长临河镇的南部地区。其中盛宗三村是国家一级运动员，被誉为中国男子摔跤第一人、现任上海市摔柔协会副主席盛泽田的祖居地。张胜吾村是原国民党二十一集团军代总司令、民国最后一任安徽省主席张义纯的祖居地。这些村庄都是名人辈出之地，并且它们的名称都和数字有关。长临河人为什么要把这些村庄串联在一起呢？

再深究下去，发现这些村庄的名称都有着统一的规律，那就是和上文分析的"凌福寺"一样，它们都和第一代祖先的姓名完全一致。比如，据吴兴一村《渤海吴氏渊源图》载，"迁肥始祖，兴一，讳俊，字衍庆，号裕昆……公祖籍新安，继迁宛陵城南，复由宛陵迁合肥东乡，卜居青阳山南，去城六十里"，证明吴兴一村的村名和始祖的姓名是完全一致的。我发现这个规律其实经历了一个过程，一开始，我对此也并不了解，只是觉得很奇怪。一次，和安徽建筑大学古建筑专家翟光逮先生在梅寿二村调研，我偶然提到这个问题，翟先生说：

"这怕不是人的名字吧。"

原来，翟先生是泾县人。他的老家一直保留着把父母的年龄相加得到一个数字，然后把这个数字作为人的名字的传统。

比如，父母的年龄加在一起是 54 岁，那么这个人就叫翟五四。这种传统来源于明代以前，著名历史学家吴晗认为，"宋元以来的封建社会，平民百姓没有职名的一般不起名字，只用行辈和父母年龄合算一个数目作为称呼"（《朱元璋传》），并引俞樾《春在堂随笔》为证："夫年二十四，妇年二十二，合为四十六，生子即名四六。夫年二十三，妇年二十二，合为四十五，生子或为五九，五九四十五也。"长临河的村名虽然没有纯粹按照用父母年龄相加这种方法命名（在一份 1972 年的地图中，张宝二村被标注为张八二，但与村庄的族谱冲突），但只要对照族谱，就会立刻发现它们基本是与祖先的姓名或字号保持一致的。所以我们很快就确定了长临河村庄的名称和祖先来源的关系。这个重要的判断的确认，显然与那首将村名进行罗列、排序及系统化的儿歌有关，它起到了至关重要的推动作用。

在了解到这一村庄的特点之后，我和翟先生后来发现更多的这种村庄。让我们感到惊讶的是，这种以祖先姓名命名的村子，不仅在长临河镇境内还有大量存在，在长临河镇北部，甚至一直绵延到肥东县北部区域，都还有着零星的分布。这种命名方式显然不仅仅是长临河镇的一种民俗，而是一个区域的村庄共性。这些村落，像是镌刻在大地上的一串长长的名单。这串名单上的每个村名都代表一个普通移民的名字。这些移民来自不同的地方。按照族谱的说法，有的来自皖南，有的来自江西。无论族谱中记载他们来自哪里，他们的后代一般都自称来自"江西瓦屑坝"。也就是说，长临河地区，从北向南，都是由"瓦屑坝"移民开发出来的。

吴兴一村巷道

这些移民显然来自相同的社会背景，其中绝大多数人，应该和明代初期的大移民有着密切关系。

之所以这样说，是由于在对黄麓镇"九龙攒珠"村落的调研中，我已经发现了明代大移民对巢湖北岸的巨大影响。从黄麓镇芦溪嘴地区开始，向西延伸到长临河镇的南部，向北延伸到烔炀镇境内，有大量的村落，呈现出以水塘为中心，以巷道为空间框架，多条巷道朝向水塘，像九条龙在戏珠的统一制式。经过 2005 年至 2008 年的研究，我们认定了这种聚落和鄱阳湖流域的村庄存在着密切的关系，之后通过明代大移民向巢湖北岸进行迁移。如果说"九龙攒珠"是村落建筑文化在明代移民中的流动，那么长临河地区的大量村庄，显然显示出另外一种更有组织性、更有强制力的特殊的社会背景。正如《明史》所记载，是让"狭乡之民，听迁之宽乡，欲地无遗利，人无失业也"的大开发的历史。这个开发的历史中的个人和个人，个人和社会之间究竟是怎样的关系？这是我非常感兴趣的。

十五

插草为标

后来，我们将移民村落在地图上进行标注，很快就发现，不仅仅在名称上存在统一性，长临河地区的移民村落在空间分布上也是十分有规律的。

这种规律的第一点，是很多村庄都沿线状分布。

比如，从长临河镇向东南方向看，会发现有一些村落沿着一条直线从西北向东南（沿东偏南 30 度）角延伸。线条上的村镇分别是长临河镇、张永久、盛宗三、罗荣八、吴兴益、凌福寺（为了方便理解，我们将这条线称之为 LS1）。这几个村镇彼此的间距均在 1000 米左右，一直延伸到白马山下。另外一条，从湖边的大宣村开始向东南方向延伸，线上则分布着宣道七（今名大宣村）、黎兴三、杨元三、朱龙七几个（我们称之为 LS2）。此外，在四顶山东北部，一条从徐太六（今名大徐村）开始，之后分布着吴泼养（已迁移，见后文）、梅寿二、徐万二、刘寿三的聚落分布线也十分明显

（我们称之为 LS3），吴兴五（沙二岗）和王信一也可以看作连成一线（我们称之为 LS4）。而长临河北部到长乐集之间，这样的分布线也十分明显。比如王端二、王赤堡、吴赤堡、倪伏三等几个村就连成一线（我们称之为 LN1），李贵二、王宗二、贺胜堡、牛关堡、贺铁关近似连成一线（我们称之为 LN2），而长乐集与荚堡、贺胜堡、倪伏二与张胜吾又连成一线（我们称之为 LN3）。这些线条上的聚落的分布都十分均衡，一眼看过去，像是经过了规划与设计。

第二，这些聚落分布线条的几何性很强。它们或者垂直，或者平行于另一条聚落分布线，从而构成一幅宏大的图形。最典型的是长临河镇南部的四条线（LS1—LS4），这四条线从平面上看是完全平行的。同时，长临河北部的 LN1 和 LN2 保持平行，同时与 LN3 呈现十分明显的垂直状态。这些分布线有没有可能只是巧合呢？我感觉基本是不可能的。首先，这些聚落线往往都是和古代的道路平行或者重合的，比如 LN3 的这条线，北部是长乐集，南部可延伸到长临河镇的寺门口村。据长宁寺的僧人回忆，这长乐寺和长宁寺之间是一条古代的道路，被人们称之为"十里长亭"。而长临河东南方向的 LS1，根据 1929 年的测绘图，历史上也有一条古路与之重合。不仅如此，在 LS1 所在的区域，有很多的乡村道路，几乎与之是完全垂直，且彼此平行的。试想，究竟是怎样的自然发展过程，会导致如此精确的吻合，并最终形成这样的几何图形呢？这些聚落的分布，显然经过了一个强大的人工规划过程。

对于这样一个庞大的系统工程，当地人的记忆已经比较模糊了，但仍有一些蛛丝马迹可以找寻。比如在六家畈，有一位村民说："我们的祖先来到这里后，插草为标，建立村庄。""插草为标"在很多地方都能听到，它是什么意思？这是一个移民时代的俗语，有几重意义：一种是开辟荒地的过程。很多长临河的村民都回忆祖先来此时是"一片荒野"，有的还说"一片树林"，这就存在一个将土地开辟和清理出来的过程。第二是划分土地。由于明代移民的数量很大，并且是有组织的，因此就必须对耕作的土地范围进行标注和确权。这个确权的过程，在有些地方的记载中，据说很宽松随意，但不一定可信，如湖南民国《云阳涂氏族谱》卷19《家传》："占垦者至，则各就所欲地结其草为标，广袤一周为此疆彼界之划，占已，牒于官，官不问其为地方数十里、百里，署券而已。后至者则就前贸焉，官则视值多寡以为差，就其契税之。"这里的数里、百里，显然是非常夸张的。在长临河地区，显然土地是经过更为严格的切割和划分的，否则就不能解释为何会出现如此众多规则均衡的分布线。第三是对村庄的位置进行标记。同是湖南的族谱记载："时湖南丁大乱之后，人烟稀少，朝廷调江西户口于衡，至者，各插标以记，谓之'安插户'。"长临河的族谱没有记载到这样的情况，但毫无疑问经历了同一个"标记"过程。经过了上述三个层次内容的"插草为标"之后，村庄就确定在一个固定的位置上了。

根据目前很多村庄的附近都有一世祖祖坟的情况，可以确定"插草为标"的过程就发生于洪武移民的最初阶段。也就是说,移民刚来没有多久,就在一个统一的安排下,确定了自己和家族未来的发展区域。但也有少数的情况,可能存在争议或调整。长临河当地有一个传说,据说六家畈的始祖和罗胜四村的始祖,一开始就将土地对调过。六家畈的始祖吴七三最初迁移的地方在长临河镇北边,罗胜四的始祖在南边的茶壶山下。后来,吴七三觉得此处不好,想和罗胜四对调,因为两者是"老表"关系,所以对方就同意了。这个事情,据说在两个家族都有传说:

> "同里吴氏始祖为(胜四公)中表之戚,公来较早,先卜宅于六家畈,卜葬于四顶山,自以为丁财两旺,吴来略迟,屡次乞让,于是再卜宅于今之皆吾村,卜葬于青阳山之南,谓吾曰,此地财虽稍逊,丁则过之。此数百年来两姓子孙递述之词,证之今日,尤为可信。"(《罗氏宗谱》)

还有一些其他的村庄,也存在着一些或早或晚的调整。比如,黎兴三和盛宗三就紧密地靠在一起,而王信一和王道三两个村也共同发展于一个土冈。这种情况不知究竟是如何产生的,是他们的始祖从一开始就觉得原有的"规划模式"存在问题,进行了迁移,还是后期慢慢发展而来的,这个问题就很难解释了。不过,相对而言,长临河地区的明代的"规划模式",在很大程度上仍然被很好地遵循着,600年来,其基本格局仍然保持稳定。

长临河南部移民村落分布格局示意图

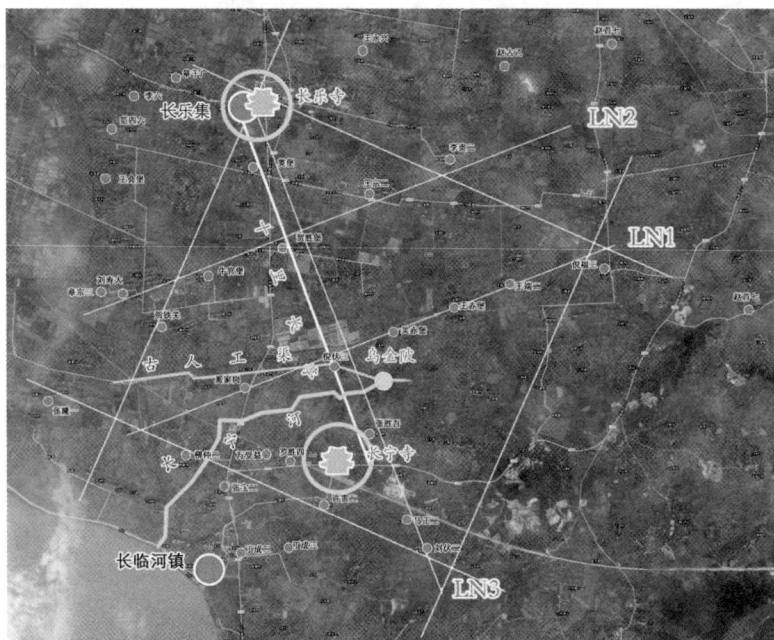

长临河北部移民村落分布格局示意图

十六

大 家 族

在发现上述"插草为标"的工程遗留之后，为了进一步掌握这些村庄的情况，我对这些村落逐个进行了调查。

调查是分两个阶段进行的。第一个阶段，大概从2010年到2011年。这一年中，我在长临河镇文化站站长徐尊文的陪同下在村里调查了许多族谱和文献，但中间发生了一些变故，以至于文献基本丢失了。第二个阶段，是从2012年开始，在县委县政府的帮助下，我开始对肥东南部地区的传统聚落进行大量详尽的调查。这次调查主要得益于时任县委书记杨宏星的大力支持。杨书记是个十分博学的人，他特别重视专业研究对地方经济的促进作用。处理政务之余，他认真搜集和阅读了大量和巢湖有关的文献。有一次，他看到我出版的《九龙攒珠——巢湖北岸移民村落的规划与源流》一书，对其中提到的长临河镇传统村落的情况很感兴趣。后来，他在网上搜索我的信息，看到我的微博中有大量和肥东有关的研究，于是就主动和我联系。记得那是一天下午，我突然接到一个电话，对方正是杨宏星书记，杨书记在电话里讲明了意图，并且约我第二天和他见一面。

次日早晨，我在县委办公室张道德主任的陪同下，见到了杨宏星书记。寒暄之后，我们很快谈到了长临河镇传统村落保护的问题，杨书记对长临河的古村落保护很感兴趣。此时，我已经考上了复旦大学历史地理研究中心的博士，师从葛剑雄教授。听说我即将去读博，杨书记非常高兴，说："希望你能把我们肥东作为你的研究基地。"这句话，几乎就确定了以后几年我的工作方向，也注定了我和长临河镇不解的缘分。

不过，说是这样说，但做起来并不容易。因为2011年文献丢失得非常彻底，损失惨重，所以一切都要重新再来。2013年，杨书记批准县委政研室立项，对以长临河镇为中心的肥东南部传统村落进行重新调研。于是，我在县政研室陈爱国主任的关心下，又重新去搜集丢失的资料。这次调查在经费上相对要充足很多。同时，因为有县政府的帮助，加之也有了经验，路子要熟悉一些，所以文献的调研相对来说也算比较顺利。这样，通过了大量的补救工作，长临河地区文献的谱系终于重新建立起来。这些文献的保存非常不容易。因为它们多数都经历了历史上的非常时期而得以保留，在我们找到它们之前，它们有的在粪缸底埋过，有的在草堆里藏过，有的险些被人做成了卷烟，有的则是被主人用各种技巧瞒天过海"骗"了下来。在对上百个村庄调研完毕之后，我发现了一个现象，至今令我感到震撼，我告诉导师葛先生，葛先生也觉得不可思议：作为家族的珍贵史料，几乎所有的族谱都被完整地保存下来了。

通过这些资料，我们得以进一步了解到这一地区的家族和移民的具体情况，并在建筑层面之外，对这一区域的社会发展有了更深层次的了解。应该说，假如我们把明代初期的长临河社会当作一个平等的网络，那么经过几百年发展之后，整个长临河的社会，已经发展成了一个由少数大家族支撑的高度自治的乡村社会。这几个大家族的分布区域都处于一些独立的农业资源集中板块，我们按照板块特点将其分为圩田区、长宁河区、玉带河区和四顶山区四个区块。

圩田地区以来自皖南的牛氏和王氏的势力较为显著。牛氏发源于宣城，从元末明初战乱之后，由始祖戈氏带着三个孩子向北来到巢湖。三个孩子名为牛官堡、牛关堡、牛兆堡。由于人口较多，繁衍生息迅速，牛氏后期又形成了很多小村，包括涧埂牛、牛徐、井份牛、中份牛、小郢牛等。牛氏村庄所覆盖的空间大约有 6 平方公里，基本分布于十八联圩的东部和南部地区。而王氏则逊于牛氏，主要分布于罗家疃东部，人口较多，也称"十八家"。从保存的一些地契等文献来看，牛氏和王氏所耕种的土地和明代的军屯有着一定的关系。这些土地分布在十八联圩的部分区域，有的还命名为"军圩"。在牛氏和王氏的土地之间，还有一个明代的牧场，名叫"火焰场"，是明代庐州21座牧场之一。这座牧场就在王氏所聚居的罗家疃村的北侧。除了这两大家族之外，其余家族规模都不大，有些村庄只有十几户人家，被称为"板结户"。

与圩田相邻的东部地区为长宁河流域，是罗胜四家族繁衍生息的地方。罗胜四从江西迁移而来，依托长宁河流域优质的农业资源，逐渐成为首屈一指的大族。该族有18个村庄，被称为"十八罗"（也有称"二十四罗"的），大体是三家罗、老家罗、朝西罗、皆吾罗、松元罗、罗胜四、咀子罗、下罗村、城山罗、北罗村、苍房罗、罗山村、双山罗、前场罗、后场罗、涧北罗、朝西罗、土山罗，18个村分布在以罗胜四村为中心的一个椭圆形空间里。在整个巢湖北岸，能与其相匹敌的，似乎只有峒炀镇的唐氏。但唐氏起源于宋代，和罗氏相比，来源更早，"起跑线"似乎要更为提前。从这个角度而言，罗氏的村庄体系，似乎可以看作是整个巢湖北岸最具规模的。在罗氏周边地区，多聚集着较小的家族，最多不过繁衍两三个村庄。有些家族虽然势力雄厚，如丁家桥等，但其崛起时间相对较晚，在人口上仍较为逊色。

在长临河镇南部地区，山峦纵横，中间有一条玉带河从白马山流淌至巢湖，玉带河的南边正对着四顶山。严格来说，在这片湖山之间的美丽区域，家族与家族彼此犬牙交错，形成整体，其实难以精确分割区域。正如前文所说，这个区域主要由来自宣城的吴氏所占据。和北部地区不同，这一带的吴姓比较复杂，有名可考的有三个来源。其中一个是来自宣城的吴兴一，这个家族相对较小，只有一个村庄，可以暂且不论。另外两个吴氏，虽然也号称从宣城迁来，但却包括了六家畈和沙二岗两大不同来源的族群。这两大族群始祖各不相同，六家畈始祖名叫吴七三，沙二岗家族的始祖叫吴兴五。两个家族据说都是在宋末迁到合肥地区的。这两大吴姓家族中，又以六家畈人数最多，家族势力最大。在始祖以下，六家畈有六个分支，分别是"东分、西分、中分、大观分、小观分、前分"。这六个分支挤在一起，形成了一个庞大的整体。在"六分"的周围，有三个村庄，分别为枣林岗、汪家岗、席家岗，与六分一起合称为"三岗六分"。沙二岗村和六家畈类似，中心村落由沙中、沙南、沙洼三个部分组成，此外还繁衍出碾头吴、垱边吴、山嘴吴等几个村庄，人口和势力弱于六家畈，但同属吴姓一支，相对而言，多少有首尾呼应之势。

在这个吴氏的世界里，也有一些家族存在和发展着，但始终弱于吴氏。比如，江西移民刘氏，是包含了七个村庄的一个较大的宗族。刘氏始祖为江西人刘寿三，寿三从江西梓溪迁来，是来自鄱阳湖南岸的移民，最初来时有兄弟三人。老大可能就是长临河镇圩田边的刘寿大村始祖刘寿大，老二是黄麓镇刘家疃的始祖刘寿二。刘寿三村繁衍出七个村庄，分别是西分、东分、洼分、岗分、堕山分、前山分、后山分。七个家族分布在一个冈峦起伏的地区。刘氏因为有所发展，在历史上曾因"风水"问题，和吴氏发生过矛盾。

六家畈村面貌

十七

小 家 族

除了大的家族以外，剩下的就是小家族了。这些小家族在历史上也并不孤立，它们有它们的系统。从来源上看，因为同属明代的移民，它们基本上都属于"瓦屑坝移民"这个大的群体，所以往往存在一种广义的"老表"之情。就规模而言，小族也分为几种，最小的宗族，人口极为稀少，被称作"板结户"。相对好一些的，在原始村落中持续发展，形成一定规模，或者向外衍生出一两个小村。这种衍生的小村，在名称上会和原始村落存在密切关系，因此，人们一眼即能加以辨识。如张德山家族有两个村庄，称为上张德山、下张德山；胡道二家族的两个村庄，则称为大胡道二、小胡道二。小族虽然人口相对较少，但也各有特色，我们也将它们分为以下三个区域，试举例一二。

一、圩田地区

王会堡村，迁移自江西，和桥头集镇王赤堡村的始祖是兄弟二人。

贺铁关村，迁移地点不详。贺铁关村南边即是明代的"火焰场"。当地人望文生义，认为历史上有个"铁关公"力大无比，能以一当百。

张隆益村，益为一的改写。始祖是从宣城迁移而来的张隆一。张隆一村临近施口，在抗日战争期间曾发生一起村民将进村骚扰的日军杀死事件，见载于肥东县很多史志材料。

王福益村，益为一的改写。王福益村建在南淝河下游，前方有一古河道，根据光绪《续修庐州府志》，南淝河在清中期改道。该河道疑似南淝河的故道。

二、北部长宁河流域

倪伏三村，始祖倪伏三，和附近的另一个村庄"倪福三"似乎存在关系。按族谱，"倪福三"从无为迁来。倪伏三所在的位置是著名的"乌金陂"，耕作条件很好。

许家榨村，始祖名为"许贵二"，村庄原名许贵二村。许贵二据说迁移自徽州，有个兄弟名许贵一，许贵一村位于今大圩镇境内。

马正二村，始祖马正二，江西移民，据说先从江西迁泾县，又从泾县北迁，是明朝移民永、兆二公的后裔。

三、南部玉带河流域

吴兴益村，始祖吴兴一。益为一的改写。

孔家洼村，始祖孔彦宝，据说是清代迁移到此地的。

梅寿二村，始祖为皖南移民梅寿二。梅氏规模不大，风水先生称它们所在的地方是螺蛳地，螺蛳吸干了旺气，后来通过在打谷场上做了两个碾加以改善。

除了上述列举的村庄以外，更多的小村则分布在冈峦、河道、圩田、丘陵等各种地形之上。这些小村的姓氏人口不如大村那么多，力量不是很强大。于是，将同姓的家族联合起来，形成统一的势力就成了一种必要。这种联合，有些可能是有亲缘关系的。比如胡道二村，其始祖据说有两个兄弟，名字叫胡允二和胡回二，居住在长临河西部汪胡村，胡道二就与该村联宗。另一种没有直接的血缘关系，但历史上可能存在。比如笏山臧村，近年来修撰族谱时和合肥卫岗地区的臧氏联宗。卫岗的臧氏是我祖父的家族，后来父辈改姓而来。卫岗地区臧姓祖先名臧文元，而长临河的名臧金芝，虽然不是同一始祖，但臧氏人口较少，在历史上也可能是有血缘关系的。还有一些更大规模的联宗，追溯更为久远，孔家洼村与山东孔氏以及本地孔永五家族形成联宗，等等。

除了通过家族活动来强化关系以外，还有就是通过空间的靠近与融合来形成联合，这也是较小的族群获得较大

南山宣村面貌

发展的一种途径。所谓空间的靠近与融合，是指两个或者两个以上并无太近亲缘关系的村落在发展中彼此依存，形成一种整体性的关系。这种情况，很多是因为生产性的因素促使村庄自然而然地联合在一起，在长临河北部的圩田地区最为常见。圩田地区需要联合作业，在雨季，则需要通力协作去抵抗洪涝灾害。这一地区历史上流行两个重要的俗语，一个叫"做圩田，贩私盐，逮到一年是一年"，说的是圩田地区虽然肥沃，但洪灾极多，破坏力很大，但收获一次就能满足几年的损耗。而另一个叫作"圩令大于军令"，说的是一旦发生破圩等灾害，整个圩田地区的村庄必须通力协作排涝抢险，一切行动需要服从指挥。这种生产活动的联合性，使得圩田地区的村庄形成强烈的融合性特征。十八联圩地区圩埂上的村落彼此间距很近，张隆益、李家疃、牛徐村等几个村庄几乎完全融合为一体。而在长临河西部的军圩（应该是明代军屯所形成）北部，罗、殷、王、洪、宣、汪、胡等姓氏更是形成一个长达 1.8 公里长的村落带。这个村落带上的家族，各有其领地，但彼此宛如火车的车厢一样相互连接。风水先生将这个大村落比作一只大竹排，这个大竹排在巢湖的洪水中顽强挺立了数百年，一直屹立不倒。

在长临河南部，除了因为生产的联合性而形成的融合性村庄外，一些村庄还会因为防御外敌而形成整体。较为典型的是刘罗蔡村，从名称上看，这个村庄是由三个不同姓氏的家族在一起共同组成的。三姓构成村名的现象在巢湖地区并不少见，长临河北部圩田区有张洪葛村，巢湖市黄麓镇有司刘王村，都是三姓合一形成的村落。和其他多数小村的起源都在明代初期不太相同，刘罗蔡的主要姓氏似乎以明代末期的移民为主。这一时期动乱相对较多，据村民对我说，三姓共同防御，形成了一个密不可分的整体，慢慢地得以繁衍强大。最初，他们十分团结，但最后，不知从何时开始，渐渐有了"风水"上的传言，说刘罗蔡三姓不能居住在一起，因为"牛"和"骡"待在一起，就会吃"菜"，影响蔡姓的发展。于是蔡姓决定迁出村子，但其中一部分人的居住地点距离刘罗蔡村并不太远。

十八

人　口

　　小家族和大家族的强烈对比，在长临河地区是非常明显的。

　　这种人口的差异，正如乾隆年间的一位学者梅昆所感叹的："迄今五百余年，予族寥寥，而吴姓繁衍不啻数十倍，何盛衰若此？"既然都是同样的移民，为什么在同一个起跑线上的他们，后期发展却有如此大的差别呢？

　　一种原因，是土地和其他自然资源的分配从一开始就不均衡。

　　如果我们把长临河移民村落所在的"方格网"当作是一个资源与环境计划的起点，那么从整个区域的村落分布和发展来看，这个方格网其实一开始就带有强烈的集体化色彩。"体系"的设计者也尽量按照理想化的色彩对土地和村落进行规划。这种规划对于快速开发土地具有明显的优势，但过于理想化和模式化的图景却势必不能满足差异化的生产条件。时间长了，却会反向地促进了某种不平等。因为，方格网毕竟是平面的，而大地是有坡度的、有层理的、有差异的。处于方格网上的村庄，有的近湖，有的靠山，有的在岗上，有的在河边，资源的差异必然导致其发展情况的差别。以对农业生产起关键作用的水资源而论，一些村庄水源充沛，如山口凌和凌福寺村，处于山水的源头，甚至要筑坝拦截，以免其害。但像罗荣八、朱龙七这样的村庄，地处岗上，水利资源较为匮乏，地下水位盐卤化十分严重。朱龙七村在前些年有不少人因病去世，据说和水质有着密切关系（目前已安装自来水改善）。这种自然资源的不平衡必然导致发展起点不同，最终其发展结果也不同，甚至直接影响到村庄的风水观念。梅寿二村被"分配"在茶壶山东面的一个近似呈三角形的石岗上，土地面积相对狭窄，村庄人口繁衍一直不多，风水先生说，这是因为这个石岗下有个螺蛳精（螺旋部是类似三角形的），螺蛳精吸收了村庄的旺气。而村庄附近同样处于直线上的吴兴五村（今名沙二岗），一开始就被"分配"在两个很大的沙岗上，沙岗平坦宽阔，适于建设，因此吴兴五快速发展，被风水先生称作"狮子型"。狮子和螺蛳，生动地说明了两个村庄发展的巨大差异。

第二种原因，是迁往"方格网"中的移民，其后代的人口生育率确实存在着很大差异，从而直接导致了人口和资源的不平衡。这种差异一方面是人口的自身素质造成的。不得不说的是，一些相对而言人口一直较少的族群，可能

沙二岗村空间格局

确实存在着和人口繁衍十分旺盛的族群的体质差异。长临河的小富村,至今人口不多。村中的老人说:"传说以前到长临河有老兄弟九个，醉死了八个。中华人民共和国成立前，村里的男丁一般到三四十岁就去世了。现在才好一些。"还有大邵村、长岗张等，人口也较少，被称为"板结户"，意思是人口像板结的土地一样不能增长。但另一些村庄就完全不同，他们人丁十分兴旺。比如，前文所说的罗胜四家族，后代繁衍众多，慢慢发展出很大的家族势力，相比之下，可以推测后者在体质上应该是优于前者的。不过，有一点值得注意的是，除了体质因素以外，对于土地和道路这两大人类居住和流动的"舞台"的占据差别，也进一步促进了人口生育率的巨大差异。不管是前面说到的圩田地区的牛姓、长宁河流域的罗姓以及六家畈的吴姓，它们都有个共同的特点，就是所处区域空间开阔，并且距离交通主干道特别近。牛姓村落的分布区域是从圩田向店忠路延伸的一个带型区域，证明历史上这里就存在着人口向交通要道延展土地的行为，而罗姓的分布范围，也基本处于长宁河流域的古道沿线两侧。至于六家畈，其从茶壶山北麓迁移到后来的店忠路边，从此也迎来了巨大的发展。

当然，在这个过程中，还可能暗含着另外一种谁也没有明说但实质上真实存在的第三种原因。这个原因我想可以称之为"以人口为手段，以资源为结果"的刻意竞争。我在研究"九龙攒珠"村落时，在黄麓镇调研，认识了一个叫张安定的朋友，他家住在黄麓镇长源村。这个村距离巢湖边有十几里。据张安定说，村庄原来居住在靠近巢湖边的下杨村，有大片圩田，但后来村里某户入赘了一个杨姓的女婿，没想到这个女婿生养了很多男孩，此后杨姓人口越来越多，竟把张姓给"挤"到了"上头"。张安定所说的这个故事，以及我在巢湖北岸其他地方听到的很多故事一样，说明了明清时期，中国国内人口暴增的背后存在着竞争性因素。一个真实的情况是，由于农业生产存在着效能的瓶颈，同时又大量地依赖劳动力的支撑，因此伴随着土地开辟的停滞和人口的不断增长，资源和人口的平衡关系必然逐步紧张，甚至完全崩溃。但这种紧张，在一个相对封闭、产业不能及时从农业转化为工商业的国家，并不能通过人口转移来释放压力，相反还可能沿着某种惯性，通过进一步繁殖人口来抢夺资源，这种"以人口为手段"的模式就会直接刺激一些大的家族越来越庞大，而小的家族则越来越小。从整个中国的人口发展趋势来看，从明代初期到乾隆年间，用相当短的时间就快速达到数千年来人口的峰值，这个过程，和长临河地区罗氏与吴氏等家族在长临河南北的发展态势是完全一样的。在相当短的时间内，长临河释放了所有足以养育多余人口的土地，它的资源就会变得格外紧张，从而导致了随之而来的社会冲突。

十九

一棵树的血案

这种社会冲突，是长临河这片湖与山之间的土地上，平和的农业图景背后另外一个不可否认的事实。

应该说，由于长临河的地形地貌和中国大陆一面面对大海，一面背靠山脉和沙漠的总体格局十分类似，长临河地区家族的冲突，也并不能独立于整个中国的社会冲突之外。在太平天国运动之前，在土地较为紧张的山区，相信矛盾已经积累到了一定的程度。我第一次去长临河镇的路上，姑父给我讲的"捡铁球"的故事，应该就是在这一背景下发生的。在巢湖北岸两县分界的山区地带，向来是矛盾多发区域，合肥有句老话叫"穷争饿吵"，意思是，越是资源匮乏、经济贫穷的人家，越是容易出现内部的争夺和吵闹。这话放大了看也一样，越是在近山地区等资源较为匮乏的区域，族群和族群之间越容易发生口角和械斗。在山口凌村的西边、由三个小族群构成的刘罗蔡村，和村庄北部由上、下两个村庄组成的张德山村，就矛盾日深。从现有的调查来看，这两个村庄的矛盾，完全是由土地的争夺而引起的。因为人们都挤在近山的地区，适合耕种的土地比较有限，双方都对对方可能侵占自己土地的行为十分警惕。据说，有次刘罗蔡村村民发现某块田里被栽了一棵树。这棵树——按照张德山村村民所说，原本就是栽种在张德山村一侧的地里的。但刘罗蔡村村民认为，这块地是刘罗蔡村的，张德山人栽树的行为，带有将这块土地占为己有的一种意图。于是刘罗蔡村村民就将这棵树给拔了，并且在拔的过程中，辱骂了张德山村。

从今天的视角来分析，这块土地，大概率属于两村土地交界处的某种产权比较模糊的、权属不确定的财产。在双方的情绪都很紧张的态势下，张德山人是否真是故意种的树，以及刘罗蔡人是否真的故意羞辱张德山村，都还很不好说。但在资源极度匮乏、双方长期抱着敌意看待对方的情况下，这件事就成了点燃火药桶的导火索。拔树、辱骂的情节很快传到了张德山村，村里立刻沸腾了，人们群情激奋，据回忆者说，"妇女们都气得直哭"。张德山村村民觉得，如果对这样的事件不加以回击，那么接下来将会有更多的侵犯到来（反过来说，刘罗蔡人在拔树时想必也是这么想的）。全村人共同研究，决定采取一次集体报复行动。关于这次报复行动的细节，老人回忆说：

"首先，在村里选了四个人组成敢死队。出发前，村里摆了'齐心酒'，集体约定：'这次复仇，谁要是死了，大家彼此不要怨怪。死难者的家人由村人养活。'喝完了酒，这四个人扛着长矛，一路默默地（讲述者两次说了'默默地'这个词）进了刘罗蔡村，一言不发，见人就捅。刘罗蔡人多得像蚂蚁，但猝不及防，竟然被这四个人捅得东倒西歪。"

这次"默默地"偷袭行为造成了震动东乡的重大伤亡事件。据说，两村各有伤亡，并向当时的合肥县提起了诉讼。诉讼的具体情况并不清楚，张德山村因为采取了主动的复仇行为，伤亡相对较轻，在回来的路上，"小倒戏唱得哒哒的"。而两村也从此结下了梁子，并建立了互不开亲的规矩。除了南部的刘罗蔡村，张德山村还和本地最庞大的罗胜四家族发生了冲突。张德山村北部有嘴子罗村，距离约1华里。新中国成立后，因地权调整，张德山村的一些山场先被调整至国有林场，后又调整到嘴子罗村，因此，双方也发生了激烈的冲突。据回忆者讲述，听说嘴子罗村不允许张德山人在原有的山场"行草"，张德山全村出动，"拿着各种武器，还有人带着杀猪刀"，把嘴子罗人从山场上驱赶得到处都是。嘴子罗村有张德山村嫁去的女儿，村人让"外甥"赶紧去抱着"舅舅"的腿说："老舅啊，不能打啊，千万不能打！"

舅舅说："老舅？你现在知道叫老舅了？打的就是你！"

张德山仅有上下二村，属于前文所说的小家族。这个村向比它更为强大的家族集团展开械斗的故事，说明了以张德山为代表的近山地区除了"联宗"以外，更须依靠必要的武力去维持生存。其实，这种或明或暗的武力行为一直渗透在本地区家族成长的历史中。与长临河镇相邻的桥头集和烔炀镇中的许多村庄的风水传说都带有这种明争暗斗的痕迹。比如，黄张村仅有张姓，黄姓迁出。据说，在村东有个小山包，人们偶尔发现，只要在小山包上堆土，黄姓就会出事。当张姓了解到这个秘诀之后，经常暗暗地堆土，终于成功地将黄姓赶出；烔炀镇的"乌龟山王"村，与桥头集的上分叶村一山之隔。据说，乌龟山王村的形态像一只龟，这只龟有一个壳，四只脚，不同于很多村庄的风水比拟物都指向村庄本身的空间和景观，传说中的这只乌龟头部却落在山那边的上分叶村，它的两只眼睛是上分叶村的两口塘。因为两村的争斗，上分叶村人故意把水塘给破坏了，把龟的眼睛弄瞎了。

　　这两个和风水有关的耸人听闻的故事，暗示着巢、合边界近山地区人地关系极端紧张的情况。乌龟山王村故事的讲述者是一位老人，他的腰呈90度弯着，脊柱断了。据说，断裂的原因是被上分叶人打的。那是20世纪70年代，双方为了争夺山岭的磷矿石大打出手。磷矿石在双方山场都有分布，但烔炀一带的矿石容易开采，品质高，于是上分叶人趁夜来挖掘。老人是时正年轻，和一群村人上山理论，"还未说两句话，只见一个老头拿着大竹杠横扫过来，打在我的腰上，立刻就瘫了"。后来此事据说还闹到了巢县，成了一个重大事件。这种事情在巢湖北岸的山区数不胜数，有些比较体面的大家族也参与其中。在长临河南部地区，吴刘二氏据说也发生过冲突，六家畈吴氏南边正对茶壶山，当地风水观念认为他们的人口和财富是茶壶山腰的这块滴水石头所恩赐。刘寿三刘氏为了与吴氏抗衡，故意破坏了茶壶山上的岩石，让"壶嘴"停止滴水。这个故事听起来匪夷所思，毕竟泉眼应该是没法通过破坏岩石而堵住的，但双方围绕人口、财富的争夺意识，从这个故事里能明显表现出来。

刘罗蔡、张德山村空间位置示意图

二十

南 淝 河

在对长临河多数的调研已经完成的情况下，杨书记给了我一个建议，让我去南淝河沿岸看看，因为那里的村庄即将被拆迁。

对于这个提议，我很感兴趣。因为我从小也是在南淝河岸边长大的。我们那个村庄叫"新河埂"，坐落在南淝河的南岸。南淝河是合肥的"母亲河"，历史上的合肥城址，总和南淝河之间有着千丝万缕的联系。从小到大，河边就是我的乐土，后来这个临河的村庄，又成为我的姑母与长临河籍的姑父结婚、生子的地方。算起来，南淝河也算是一条纽带，串联着我和长临河的关系。作为合肥走向巢湖的水道，南淝河历来是交通和军事的要津。这里曾经涌现出许多繁华的商业，记得有一次，我还收集到一些从南淝河边吸沙打捞出的钱币，里面有唐宋各时期的钱币几十枚，为了纪念此事，我特意写了一篇《淝水古泉记》：

"吾乡有淝水自紫蓬山出。其分为二，北者曰淝，南者曰施。施者，又名南淝。南入焦湖，沿途过三岔、长宁等处。余幼尝随家人渡之，自合肥出，沿途数十里，村百余，每见茂林之上，雀巢累然，引为异事。施与焦湖交者，名施口，两侧景致相异，左者长宁，圩田村落井然，名十八圩，明时所造。其右为东大圩，云筑自宋代，为家母故里。

余未尝于施口多留，只随尊文坐车考察王福一村，偶过其地，河岸之上，尚有商铺若干，乡民以贸易、船渡为生。偶吸其河沙，遂得古泉，旋为商贩收去。余自市中，得其若干，共三十二枚，其泉也，泥浆裹之，面金而无锈。有开通元宝十余，唐初物也；嘉祐元宝篆隶二体各一，北宋仁宗时造，时肥人包拯闻于当朝，其拯掷之水中耶？又有建炎、绍兴各一，无文小泉二三文，如人之无名者也。观其泉也，不若他泉遍身累锈，虽时人称为美者，吾以为恶。泉之无锈，则内外瑕疵，一眼而见，如历史真相，曾不掩藏。然世间真知直言，唯智者闻之则宝，常人以掩饰为美，反以其愚，以泉观世，其义一也。"

虽然这里曾经孕育着如许文明，但南淝河边的村庄很少有人关注，或许是因为它们太平凡了。杨书记提到了南淝河岸边的小村，我们立刻前去调查。在那里，果然看到了很多别样的风情。

这种风情来自几个方面。首先，这一地区的村庄多数都有着上百年的历史。光绪《续修庐州府志》中提到，乾隆年间，人们曾将南淝河改道，以这段文字为参考，则南淝河沿岸的村庄最少也有 200 年历史。其二，说是村庄，但它们的性质并不一样。有的以商业为主，有的以交通运输为主，有的以捕鱼为主，分布在南淝河上游的一些村子，还有的甚至以抢劫为主。其三，很多村庄风景优美。民国时人形容南淝河口的情景"布帆风送浪花生，春雨初晴积水明。恍如江南图画里，垂杨两岸听莺啼"。南淝河像一条五颜六色的彩带，其沿岸村落的生活如此丰富多彩。从北向南，我们主要调查了以下几个村子：

最北是史杨村。顾名思义，是两姓杂居的村落。史杨村有一项古老的民俗活动——赛龙舟。村里有一尊石像，脸圆圆的，中华人民共和国成立前，人们每年都要抬着这尊石像到田里去祈雨。祈雨的方式，听起来有些像旧时人们"扶乩"，两人或者是四人一起抬着，根据石像移动的方向，来判断今年的水情。史杨村临近板桥，是一个大渡口。板桥以上的地区，旧时土匪最多。其中三岔河口位置，汉以后旧称"三叉"，是重要的军事要地，近代因其交通便利，则成为土匪泛滥之地。

梅龙坝村，是一个依托于水坝建立的村庄，长 1.5 华里左右，分梅南、梅中、梅北三个组成部分。据文献记载，"合肥之水，经三汊出施口，下巢湖，至八月，江潮退，水潦降，湖水平。巨商大贾，舟楫不通，乃筑堰于梅氏宅后。以蓄合肥之水。通上下，利舟楫，而坝以始焉。"梅龙坝的建造，和夏秋季节巢湖湖水下降，南淝河不能通航有很大关系。据当地人回忆，该坝坝顶宽度四五米左右，上可行人，通过大坝，将上游的水拦起来，保证上游的航运通畅，而下游的航行则由另外的船只来完成。货物从上游到梅龙坝，就要在此卸下，由人工搬到下游的船上，相反亦然。由于航行于上下两段的船只都要集聚于梅龙坝这个位置，因此梅龙坝成为一个重要的货物转运站。这里十分繁华，有一些神异的传说流传于此。

从梅龙坝开始向南，南淝河明显经过了人工取直，这段取直的河道长约 4 公里，中间分布着姚埠、双陡门、周唐、王大郢等几个村。这几个村庄的功能并不一样，姚埠村和双陡门都和圩田经营有密切关系。姚埠村得名自附近的姚埠圩，双陡门则和南淝河上通向姚埠圩的水利设施有密切关系。双陡门向南是周唐村与五大家，这两个村分布在一条和南淝河垂直的古河道上，怀疑是南淝河下游取直之前所留。在周唐村里，我见到一位老人，很安静地坐在家里，人无论和他说什么，他总是淡淡地微笑。他的脸上，有一道很深的伤疤，像一道小沟从耳边一直延伸到颏下，大概长 10 厘米左右。谈到这个伤疤，老人的儿子说："我父亲是渡江民工，这个伤疤是 1949 年他带解放军撑船过长江时，被国民党的子弹迎面从脸上擦出的。"这个情景真是让人感慨万千，因为我的外公也是一位渡江民工，他的工作主要是搬运麻绳，并未参与前线作战。外公去世后，他的故事就再也没人对我说起，而此时此地，这道伤疤好像一道绳索，又把我和外公所说的那段往事瞬间捆绑在一起。

周唐村老人脸上的伤疤

从周唐以南，又经过王大郢，就到达一个叫马家渡的渡口。和梅龙坝做商品转运不同，马家渡是一个重要的交通节点。它的村庄基址相对宽阔，两侧建筑相对而立，全村是一个建立在南淝河河埂上的街道。我在马家渡村收集了大量的明清家具，原本计划在长临河镇建立一个博物馆，后转移给了市博物馆。从马家渡南下，即开始进入南淝河的出口。这里有一个大村，扼守湖口，叫施口村。施口村是一个异常繁荣、多样和富有生活气息的地方。人们从事农业、商业，旧时还从事"拖滩"的业务。所谓"拖滩"，是指用牛来拖船。旧时秋冬季巢湖水位下降，南淝河也接近断流之后，从施口到梅龙坝之间基本都是淤泥滩。这段淤泥滩，船只无法前进，就只能用牛将船向上拖拽。拖滩是巢湖旧时一道有趣的风景线，20世纪20年代还上了《图画时报》。拖滩的存在，印证了当时航运的艰难。所以，在淮南铁路未能建成之前，合肥的进口商品数量连年下降，城市逐渐衰退。那时合肥通向巢湖的航运，有几个月时间完全依靠施口村的人力和畜力在维持着。

南淝河入口景观图片

下 篇

二十一

梦

在完成对长临河地区的传统村落的调查之后，我即开始着手编写调查报告。报告于 2014 年提交。之后，我开始思考对这些村落的保护和利用问题。

之所以会思考这些问题，一是出于对长临河文化遗产的热爱，以及对这片和自己有着密切关系的土地的珍惜。坦率地说，自小到大，有很多重要的事情，似乎都和长临河有关。自己也真心希望在认真地研究这些村落的历史的同时，更能进一步探索他们未来的发展。其二则是因为长临河传统村落的衰退已经达到了十分严重的程度。长临河镇传统村落的衰退，应该说由来已久。正如前文所说，长临河作为受太平天国运动影响的区域，在战争中、战后都有大量的人口外流。"侨乡"所对应的就是人口大量外流的事实。外流并不是坏事，它舒缓了湖山之间狭窄土地上人与环境的紧张关系。此外，外流还带来了新的社会关系，使得长临河人，也包括和它相邻的巢湖北岸的黄麓等地的农家子弟，建立了和北京等中心城市的密切联系。这种联系估计从"能说合肥话，就把洋刀挂"的晚清已经开始，逐步延续到 20 世纪。长临河人，尤其是六家畈的年轻人外出流动已是常态。1903 年 8 月 4 日至 8 月 13 日，《申报》连续一周刊登广告找寻失踪的六家畈青年吴祥义，原因是他和同伴在安庆学徒期间，一言不合就"玩失踪"了：

> "今有庐州府合肥县六家畈吴祥义，身中微胖，面貌圆方；陈树滋，身中单弱，左目微有白翳。年皆廿一岁，在安庆公裕典学生意。只因口角，于闰五月廿四日同逃。但良家子弟，年幼无知，恐流落他乡祸生不测。敬求四方仁人君子，兼得其情，收留寄信公裕典。谢洋十元，送其还家者，谢洋卅元。阖家盼切。胞兄吴坦然、陈沛然谨启。"

类似这样的一种流动，在整个 20 世纪前半叶更属频繁。从某种程度上说，以六家畈为中心的小区域中，部分乡村早已因周边的城市发展而走向衰退。

中华人民共和国成立以后，特别是改革开放以后的城乡人口流动，在很大程度上也为乡村的衰退积蓄了能量。在笏山臧村，我见到一位曾经在中央领导家中做保姆的老阿姨，头发花白，但对各种经历仍能清晰回忆。在胡道二村，有一位妇女，原给北京人家抱去做女儿，但后来该人家生了一个儿子，又把她送了回来。当时的情景，她也记得十分清楚。改革开放之前，政策稍一松动，吴大海等地的一些居民就开始向北京流动，如今早已扎根首都。家庭联产承包责任制实施后，乡村经济也有了很大发展，更进一步推进了人们进入城市的能力。在这个过程中，有相当多的长临河人仍然延续先辈的社会关系，优先进入北京发展，而另外一些则就近进入周边城市，在那里寻找生活的机会。当时，我的姑父从山口凌村，去合肥近郊的周谷堆一带经营裁缝店，并和我姑姑结合，才有了我和长临河镇的缘分。

从这两面因素来说，长临河镇乡村的衰退，与其说是"衰退"，还不如说是城乡资源和人口流动的闸门被打开之后，人们循着对幸福的向往，自然流动后产生的空心化现象。这种情况持续了几十年，甚至上百年，从未停止过。只是近几十年来的对外流动，以及城市和乡村人口流动的不对等性，更使得巢湖北岸变成了一个宛如古董箱子一样的异常封闭、沉寂的世界。在江浙地区，由于乡镇经济比较发达，很多村庄的居民从村里到工作地，可以早出晚归；一些古村落里常年有人，衰退并不那么严重。在巢湖流域，由于缺乏发达的乡镇经济，人们一旦决心出门发展，就似乎再也没想回来。从长临河到中庙，从黄麓到炯炀河，很多老屋常年大门紧锁，主人似乎没有精力，甚至也没有考虑将其翻新。长临河和黄麓地区古建筑在 20 世纪末期保存相当完好，和它们的主人很早就开始向外流动有很大关系。

但环湖公路的修筑，以及环巢湖地区政区空间的调整，使得这个沉寂的世界逐步被唤醒，从而给长临河地区的传统村落带来了机遇，更带来了挑战。从机遇的角度来看，交通环境的改善，使得更多人可以进入这一地区，从而提升了社会对该区域社会历史文化的关注度。记得在 2013 年以前，网上关于长临河的文章并不太多，但 2013 年以后，随着一些社会活动进入这一区域，人们越来越多地认识到这一片区域的文化历史底蕴，进而引发了政府对古村落保护问题的重视，这显然是正面的。从挑战的角度来说，开发和保护的难度也是十分明显的。在没有做好充分准备的情况下，伴随着南淝河大桥的修通，长临河的区位优势立刻凸显，从偏居巢湖北岸的小市镇，立刻变成毗邻滨湖新区的"环湖名镇"。区位的改变，提升了长临河镇的土地价值，在这些情况之下，越来越多的人感觉到长临河镇未来的发展优势，开始试图圈地投资，长临河地区传统村落的保护变成了一个十分敏感又棘手的问题。在这一问题之外，小镇突然地成为焦点，更会带来行动的思考和研究准备不足的问题。不过，好在此前，我已经做了不少工作，县里也给予了大力支持。

　　但是，压力仍然是无时不在的。不知是否已是日有所思，夜有所梦，那一段时间的某天晚上，我做了一个奇怪的梦，梦见现实中刚刚和店忠路连接的环湖公路，竟然向东一直连通到白马山下。公路两侧拆掉了一些村庄，留下了一些建筑，还有一些像是文博类民营博物馆的建筑……这条公路最后通向了山口凌村。村庄的风景依然很好，人们去往山口凌更便捷了。这个后来在现实中完全实现了的梦，反思起来倍感奇怪。但当时却引起了我的强烈不安，可能在我的心中，山口凌始终是个十分静谧的，不宜人去打扰的心灵圣地，巢湖北岸剧烈的发展变化已经呼之欲出，传统村落究竟何去何从，是一个摆在桌面上的问题。

建成的长黄公路

二十二

步　道

　　对于长临河传统村落的保护和发展问题，杨宏星书记曾和我有过多次交流，并有着十分深刻的思考。

　　杨书记是个博学多识的人。他热爱读书，涉猎很广，尤其对于历史地理学有着十分浓厚的兴趣。在肥东工作期间，他一直十分重视推动文物和文化遗产的保护工作。对于长临河地区文化遗产的价值，杨书记有着很多深刻认识和精辟见解。很多时候，他会用十分简洁的话语对事物的本质进行概括，有一种哲人的思维深度。比如他谈到长临河时，曾说过："长临河生活着整个环巢湖地区最优秀的人群。"

　　在谈到六家畈的文物时，他说："六家畈的文物经历了一个循环。"

　　为什么是一个"循环"？再问下去，原来，六家畈的很多珍贵文物和太平天国运动时期淮军在苏州的掳掠有关。这些文物来自长三角地区，珍藏于六家畈村，但20世纪六七十年代，很多文物又被下放的上海等地的知青买去。所以说，它们经历了一个"循环"。

在谈到长临河地区传统村落保护的严峻形势时，杨书记沉默了一下，同样说了一句非常精辟的话：

"靖华，我们回不去了。"

这句话杨书记说了两遍。"回不去了"，意思是，我们必须面对这个地区即将迎来发展、村庄必须更新的事实。完全沉浸于历史的辉煌是不现实的，迎接新陈代谢才是正道。这句话我有很深的触动。

不过，虽然"回不去"，但并不代表不需要去认真研究迎接未来的方案。在完成了这个地区的调研后，我们一直都在思考。有一次我在复旦大学接到杨书记电话，他约我到肥东。在他办公室——也是一个大书房里，杨书记谈了一下他的想法。

"这段时间我一直在思考，如果完全凭政府的力量去保护是不现实的，也没有那么多资金，而且即便将古建筑全部保护和修复起来，如果不能很好地利用，它们最终还是走向破败。我们必须找到一种新的方法，去推动社会力量进入这个区域，让这个区域充满来自城市的人流，从而推动村庄的保护。"

杨书记的这个思路，奠定了整个长临河南部地区传统村落保护发展的总体框架。之后，他打开一本书。这是一本关于文化旅游的杂志，里面提到了浙江宁海所构建的体育健身步道。这个步道从2000年左右开始建设，将整个区域的传统村落、自然景观进行了串联，起到了良好的社会效果。杨书记提出，在长临河地区，有没有可能依托旧有乡村公路也建设一条类似的步道，通过这一步道将城市人口逐步向内部导入，从而引发乡村的改变呢？我听了这个想法，觉得具有可行性。杨书记则建议我去浙江宁海做一次实地考察，看看两地的自然环境和实际情况是否比较接近。带着这个任务，我一个人去了浙江宁海。

这是一次令我印象深刻的调研。我在宁海实地考察步道的构成、沿线的自然景观和其他旅游资源后，感到这里确实和长临河地区有近似之处。从区位上看，宁海和长临河镇都有共同的优势，一个靠近长三角的中心城市上海，一个靠近新兴的区域中心城市合肥。宁海步道建成之后，吸引了来自上海的大量周末游客，推进了步道两侧的传统村落的利用保护，同时也带动了文化旅游产业的发展，而长临河镇在环湖公路修通之后，和合肥市中心以及滨湖新区的空间距离空前缩短，未来必将迎来大量的游客和投资者进入。从自然环境来看，无论是宁海还是长临河镇，都有山水相映的地理形态。传统村落点缀其间，与自然环境相呼应。古村落点缀其间，起到了和自然环境相呼应的独特作用。如果说，二者还有什么明显的区别，一则宁海步道的散步范围更大，基础设施条件更好；二则宁海步道在建设和宣传过程中，始终以"徐霞客旅行起始点"作为核心概念，此概念对于整个步道知名度的打造有着重要作用。就这点而言，长临河地区的步道在建成之后，显然还需要有一个概念上的提升。

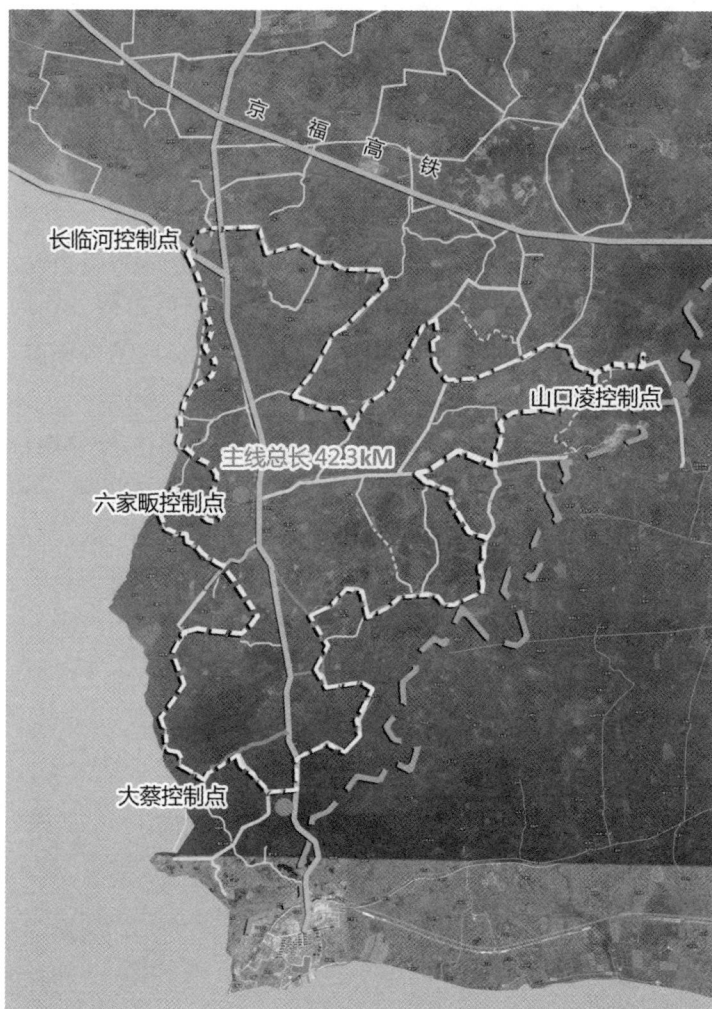

长临河步道规划图

虽然存在一些差异，但是二者的相似性仍然十分明显。我在返回肥东向杨书记汇报后，杨书记也确定按照这一总体思路向下推进。自 2015 年初起，我开始协同规划团队一起对整个长临河地区进行第二次调查，以确定整个步道的走向。和以前侧重于文献、古建筑等层面不同，这次调研侧重于整个区域自然和文化资源分布的总体情况以及现有道路交通的走向和利用情况。我也得以跳出传统村落本身，从更为宏观的层面和发展的角度去思考长临河镇的一些问题。这些问题，我以前从未考虑过。经过一段时间的调查，我决定主要依托现有的乡村道路，将其串联，形成一个体系。考虑到长临河镇北部地区地形较为平坦，自然景观价值相对薄弱，因此选择在长临河镇南部区域进行建构，建好的体系最初起名"湖山体育健身步道"，是一个环线。值得一提的是，在方案的深化过程中意外地经历了一些巧合，让人感觉冥冥中仿佛有一些安排似的。

二十三

巧　合

第一个巧合，是整个步道的长度。

原来，当时环湖大道东延长线长黄路——也就是我梦中所看到的那条从长临河镇到黄麓镇的路，还没有建成，所以最初设计的方案，是从长临河镇开始，沿着乡村道路，辗转到山口凌村，之后从山口凌村开始向西南方向南下，穿越山区到达大蔡村。从大蔡开始，有一些支线开始向各个方向延展，但主线则是向北，一直延展到六家畈，后再向北，沿着湖岸通向长临河镇。这是一条近似为三角形的环线，将整个长临河镇南部地区完全串联起来，总长 42.3 公里。

这个串联起来的乡村环路，穿越了近山、沿湖、靠村、滨水的许多优质自然与人文风光。设计方案初稿完成之后，我和一些户外运动专家一起讨论了这个方案，发现步道总长度 42.3 公里，竟和马拉松全程 42.195 公里十分接近。

这条步道可以近似看作是一条天然的马拉松赛道。

第二个巧合，是这条步道牵出了一个快要被人们遗忘的故事。

这个故事和一位老人的人生经历有关。我在发现这条步道的总长与马拉松全程的长度吻合之后，曾向杨宏星书记做了汇报，建议将其命名为"湖山马拉松步道"。杨书记当时就十分支持，建议我们再深化方案。为了对此方案进行更为深入的推敲，我又和合肥工业大学及中国科技大学的一些户外运动组织进行了座谈。在一次沟通中，合肥工业大学的退休教师、马拉松爱好者单老师偶然提起，"肥东县是新中国第一次马拉松运动的举办地"，让我感到十分吃惊。单老师见我不相信，便对我说："参加这场运动的张亮友老人，现在还活着。"

我马上让单老师和这位老人取得联系。记得当时还打了一个电话，电话那头的老人声音很响亮，他回忆了1957年前后在肥东举行的这场马拉松测试赛的情况。由于时间的关系，我们并没有详聊，但约了一个见面时间。大概又过了一两周，我和副县长游浩方一起到了淮南市，在一个偏僻的小院里，见到了这段历史的亲历者。

当时，张亮友老人已经80多岁了，但依然精神矍铄。那段时间，马拉松运动在中国方兴未艾，在马拉松运动圈里，张亮友是个很知名的人物。他的家中有一个小展厅，展示着老人所获得的各种荣誉。我们在展厅里坐下来，开始听这位老人讲述他的故事。

按照张亮友的讲述，他祖籍山东，1939 年正值日伪时期，年仅 12 岁的他，进入了淮南煤矿当童工。中华人民共和国成立后，张亮友迎来了新生，他血液里的体育精神也被唤醒。从 1953 年开始，张亮友怀着建设新中国的热情，开始在煤矿中一边工作，一边带领工友长跑。1956 年 10 月，他被选拔代表安徽省到上海参加长跑比赛。比赛期间，他在书店中，偶然看到一本从苏联翻译过来的图书《马拉松》，很受启发，就萌生了在国内推动这一运动的想法。

从张亮友的回忆来看，他显然并不知道在中华人民共和国成立以前，其实国内也举办过马拉松比赛。当时，马拉松运动在中国其实已经有近 40 年历史了。比如，根据资料显示，1910 年，南京和镇江之间曾举办过中国第一次马拉松比赛，此赛分三天举行，具体规则和今天尚有差别，而北京和上海在 20 世纪三四十年代也举办过马拉松比赛。但是，20 世纪 50 年代，新中国成立初期，百废待兴，像马拉松这样在新中国成立前偶尔举办的民间性的运动项目，在国内还没什么人知道。年轻的张亮友希望能在我国推进这项运动。从上海回来后，他就开始着手给国家体委领导贺龙写信。据他回忆，他在几个月内连续写了好几封信。在信中，他表达了推进这项运动的诚挚期望。前两封信并未得到回复，中央领导通过回信委婉拒绝的同时，也说明了暂时不能举办的理由，包括马拉松运动需要的规范赛道以及精确的距离测量设备等，当时条件尚不足以提供。但张亮友是个倔脾气，这个似乎是为了奔跑而生的人，并不为困难所动，又第三次写信给贺龙，按其说法，在这封信里，张亮友用了一些激将法，他说："别人都有，为什么我们不能创立，难道我们就要做东亚病夫吗？"最终他终于等来了肯定的答复。在 1957 年 12 月 18 日，国家体委派两名工作人员来安徽，调研立项。省体委也派工作人员一起赶赴淮南，核实张亮友的情况。4 天后，来自全省的 12 名队员进行了一场测验赛。经过现场勘查，比赛地点由淮南煤矿改在肥东县店埠镇和梁园镇之间的公路上。因为从梁园镇到店埠镇的距离是 13.5 公里，所以这趟比赛大概跑了两个来回。

张亮友在测试赛后　图片来源：张亮友

据张亮友回忆，为了保证这次比赛的权威性，安徽省体委特地指派了一辆吉普车，在运动员前方跟踪记录赛事。比赛结束后，张亮友以 2 小时 52 分 34 秒 6 的成绩获得测试赛冠军，创立了中华人民共和国建立以来第一场马拉松比赛的纪录。这次比赛得到了官方的认证，张亮友也留下了测试赛现场的照片和奖状等。1957 年肥东县的马拉松测试赛，是新中国体育建设史上的一件具有开创性的事件。

张亮友在完成这项测试赛后，本打算继续向着成为一名马拉松运动员的梦想前进，但后期遭到了常人难以想象的挫折和打击。1958 年后，他被关押于白湖农场，但无论在怎样的逆境中，始终保持乐观，并坚持长跑。在农场里，他的精神感动了监狱管理方，最终允其每天清晨带着狱警跑步。出狱后，经历了离婚、失业，他在矿山、殡仪馆等不同的地方工作过。在常人难以想象的困难中，他仍然坚持长跑。只是，每次想到他的马拉松梦，他"常常蒙在被子里哭泣"。1984 年，他终于参加了在美国洛杉矶举办的第 17 届世界老年锦标赛，获得团体第三名。此时，他已 57 岁了。

听完张亮友的这段叙述，我更加确定了以"马拉松步道"来命名长临河乡村道路系统，应该是最符合历史，也最具有文化和历史感召性的选择。后来，我把这件事写进了报告，向杨书记汇报，从两点到五点多，汇报了整整 3 个多小时。记得说到张亮友时，办公室里一阵骚动。在场的县领导很多都是第一次听说此事，而杨书记更是第一时间表示了肯定。那天下午的汇报最终确定了长临河步道的IP，之后县里就开始推进此事，近年来已经基本完成了建设。建成后的步道，确实起到了引导人流的作用。沿着步道，许多人开始逐步进入长临河的大地，传统村落也逐步开始了更新和改变的过程。

二十四

长 山 线

　　湖山文化马拉松健身步道的建设并不像最初设想的那么简单。首先，长黄公路的修建，打破了原有路线的设计，使得从长临河镇至山口凌之间的线型被打破了。此外，伴随着巢湖北岸的开发推进，各种资本纷纷进入长临河镇，很多都拿出了动辄几百亩甚至上千亩的圈地计划。记得有一段时间，杨书记的眼中经常布满血丝，有次他很疲倦地对我说："在长临河这件事上，我承受着难以想象的压力。"不过，虽然如此，在保护巢湖沿岸珍贵自然和人文资源的问题上，市领导的意见总体还是一致的。事实上，从很多细节上可以看出，这种从全域角度对巢湖进行保护的思想从未改变。在这种十分爱护、珍惜巢湖自然环境的思想的影响下，保护长临河镇的传统村落，最终成为这一区域发展的重要方针。2020年，除了在长黄路沿线拆除了部分村落外，最终长临河镇传统村落的多数仍得以保存。

今天的长临河镇传统村落，应该说主要还是通过"湖山马拉松步道"串联着。"湖山马拉松步道"由四个联系点之间的连线构成，依据其联系点的名称，称之为长山线（长临河至山口凌），山大线（山口凌至大蔡），大六线（大蔡至六家畈），六长线（六家畈至长临河）。其中长山线从长临河镇出发，经过丁成三村、丁陈二村、孔永五村、张永久村、土山罗村、盛宗三村、黎兴三村、杨元三村、朱龙七村、罗荣八村、洼地吴村、吴兴益村、南山宣村、刘罗蔡村，最后抵达山口凌村。该线多数是利用乡村道路加以建设的。比较而言，由于偏于长临河北部，所以沿途的景观上，除了近山地区的山口凌、南山宣等几个村庄以外，并不能说条件十分优越。但这个区域从整体上看，却是一个十分完整的明代移民聚落的文化版图。为什么这么说？因为这一地区保留了明代初期乡村规划的原始村落分布及其遗址，并且呈现出十分严格的方格网状的分布形态。这一方格网上的聚落基本上都是明代的移民村落，方格网上还保留了原始的道路系统。这些道路系统基本上呈现向东北 60 度角方向延展，彼此之间又呈现互相平行的状态。比如，上张永久到下张永久之间、洼地吴到赵家巷之间、吴兴益到塘堰之间、土山罗到杨元三之间，这四条路基本上是完全平行的，并且间距也都是 1 公里左右。这些都是古代的道路，为什么会形成平行且等距的分布？联系前文说到的，这一区域明代移民村落的规划行为，可以基本判定这些都是在明代移民时期形成的系统性的道路。这些道路上分布的村落间距也较为均等。从总体来看，就形成了近似方格网状的排列方式。

这种排列方法及其背后的乡村规划行为的存在，毫无疑问代表了中国古代乡村规划史上的一个重要的创举。在以往，我们一般很少谈及古代的乡村规划，如果谈到，也几乎都和风水观念混在一起。长临河的明代移民村落及其早期规划行为的遗存无疑是十分珍贵的文化遗产。它们代表了明代初期移民者建设巢湖的历史，代表了这 600 年来，江淮地区文化的根脉。

虽然景观条件并不一致，但这一地区的村落还是有着各自的特点的，有些也有着独特的风光。比如洼地吴是一个非常典型的"九龙攒珠"聚落。这个村庄从平面上看，就像一个古人锻炼用的石锁，水塘在中间，建筑从三面将其环绕，环境十分幽静。水塘北侧，清代的建筑一字排开，十分严整，是"九龙攒珠"村落十分珍贵的类型和样本。除了洼地吴以外，类似南山宣这样的村庄，也十分别致。南山宣据说为大宣村的分支，大宣村在店忠路以西，已经拆除。这个村庄最初的名字，应该是"宣道七"；近代以来，和"徐太六"等村庄一起改为今名。大宣拆除后，南山宣成为宣氏保留的村庄中仅有的一个。这个村面对白马山而建，在一个岗地上，远看山区，风光旖旎。村庄东部有一排旧屋，在古树的映衬下极为宁静别致，原来有一口古井，可惜井圈近年来为人所窃。

洼地吴村航拍　图片来源：纪录片《九龙攒珠》

　　除了风光以外，这一区域的村庄因为靠近长临河镇，因此更多地见证了繁华与衰落的变迁。在丁陈二村，我们见到了许多散落的白色石雕，人们传说这里以前是李鸿章家的房子。在水塘里，捞出了一个巨大的明代石狮，象征着这个村庄曾经的富庶和繁华。在张永久、孔永五、熊瞿村，古老的建筑静静地伫立，汉代墓砖砌筑的墙壁，讲述着这一地区错综复杂的人类生活历史。在土山罗村，村外有一片很大的墓地，在道路拐弯之处，有人说这是陈俊之当时杀人的刑场。陈俊之是长临河有一定年岁的老人中经常讲述的枭雄。1938 年，日寇进攻合肥，这一时期是巢湖北岸村民最为痛苦的阶段。据说，陈俊之是龙岗镇人，他投靠汪精卫政府，在长临河镇建立武装割据，和长临河北部长乐集程玉山分任皖中清乡司令部一团与二团团长。和这一时期的众多地方军阀一样，陈俊之依靠暴力维持着统治，但由于巢湖北岸乡土社会对武力的容忍性传统，在人们的回忆里，即便他们性格暴戾、乖张，但只要间或讲究义气，后人对其评价，往往会形成完全相反的意见。在长临河镇，人们对陈俊之的记忆同样充满争议。有人认为他能以武力守卫地方，保障了长临河镇的商业安全。有人认为他是残暴的军阀，虽然能够节制士兵，但颇为滥杀无辜。在其对日寇的态度上，有人认为他虽然投靠汪精卫政府，但内心具有一定的反日思想。另有一些涉及陈俊之对新四军态度的回忆录，有的谈到陈俊之对新四军的袭击，有的又说其约束部下，避免和新四军产生冲突。这些记录有时是完全自相矛盾的，因为缺乏原始资料而无法判断。记忆的混乱和冲突，也正暗示着长临河地区历史上社会环境的极端复杂。在这个极端复杂环境中维持着这一社会秩序的陈俊之，其面孔自然也十分晦暗和模糊。

二十五

琐　忆

　　从土山罗往下，沿着历史上的古路向西南方向，会经过黎兴三、杨元三和盛宗三三个村庄，这三个村庄都沿着道路，呈现带型的分布。

　　这些村庄，都是历史上南方移民建立的。根据《黎氏宗谱》，黎兴三的始祖名"来清"，从江西瓦屑坝迁移而来，最初定居于合肥南门外行医，后迁移至长临河。"生三子，长子移居肥东太子山下名小黎村。次子亦迁居文集小砚山，村名黎岗。三子移居长临河，村名黎兴三，后亦有迁居复兴、八斗、白龙、古河、潜溪河等地居住。"盛宗三的始祖和巢湖南岸盛桥地区盛氏原属一宗。据说，该支盛氏最早迁移自徽州婺源，始祖夫妻先迁移至南京，其后人文质公又从南京迁移至合肥周边，初有四人，名为盛宝一、盛宝二、盛宝三，同时还有一侄名盛宗三。盛宝一后迁去淝南老鹳塘，盛宝二迁至桐城东乡狮子口，而盛宝三迁去庐江盛桥。唯侄子盛宗三随其他移民一起来到长临河镇，建立村庄。在这三个村中，黎兴三村又和杨元三村靠在一起，形如一条长龙。而进入这条长龙的龙头，也就是黎兴三村的村口，首先会看到一个高大的坟茔，这个坟茔就是600年前的移民者黎兴三埋葬的地方。始祖墓上有一棵高大的黄连木。墓的基础则用砖石垒砌，很结实。上面栽满了白色的菊花。秋天到来，菊花开满墓体，在参天古树的遮蔽下，完全没有了阴暗的氛围，反而多了许多生命的热烈和奔放。在秋天晴朗的天空下，菊花和那参天的古树，都成了村庄入口的标志物，大树遮蔽着村庄，就像是这位老始祖仍然在呵护着他羽翼下的后代。

这棵大树和树下的白菊花在很长一段时间内给我留下了深刻的印象，不仅因为它和村庄历史有密切的关联，更因我在长临河的一段际遇。我从2009年开始申请到第一个课题去延展对长临河镇的研究，那时我在南京工程学院工作。在这里，我认识了原长临河镇文化站站长徐尊文先生。应该说，我和徐尊文的认识对于彼此都非常重要。徐尊文是个其貌不扬但十分儒雅的人。那段时间，镇上赵书记特别安排他陪我调查，他陪了我跑了长临河镇的许多地方。那时正是冬天，我们白天在村里调研，晚上就在六家畈的饭店里吃火锅取暖。他曾经说过的几句话，让我印象深刻。一是作为基层的文化站的干部，他很愿意做这些事情，但基层的事情实在是太繁杂，很难做自己爱做的事，他觉得找到了一个很好的认识和了解自己故乡的机会。另一段对话，是关于他儿子的。徐尊文反复地说，他儿子在哪里上学，他很担心这个儿子。让我记忆犹新的是，有一句话他说了好几遍，说："我担心我万一哪天不在了，谁来关照他的前途。"我听他反复说这句话，最初并不以为然，但没有过太久，也就在调研结束，初步成果刚刚完成，我电话联系其家属，对方却告诉我，他已经不在人世了。后来才知道，一次下乡的路上，徐尊文遭遇了车祸，他的头碰到了电线杆上。听到这个消息，我真是心如刀绞，有一段时间，不住地翻看我们在以前考察时拍的照片，翻到黎兴三这个村时，总觉得这些盛放的白色菊花，像是某种冥冥中的隐喻，希望尊文能够得以安息。

除了盛宗三、杨元三、黎兴三一线的三个村庄以外，其他两条平行道路沿线的村庄，也是各有其故事的。

这些故事，有一些特别令人难忘。记得在刘罗蔡村，我看到一座废弃的祠堂，掩映在树丛里，在拍照时，一位驼背的老人蹒跚地走过来，他的声音很洪亮，胡子拉碴，穿着有些邋遢，问我在做什么？我和他聊了起来，后来得知，他叫刘国清，已经80多岁了。

刘国清家中保存了一部族谱，同时还保留了1997年新修的《刘氏宗谱》。此谱由刘国清和刘国泉二人主持修撰，谱中记载了发生于20世纪的一桩往事。当时，一场饥荒袭击了刘罗蔡村，在全村即将面临饥饿的情况下，刘国清将自己所藏的粮食悉数搬出，拯救了这个村庄。后来，在一年冬天，我和一位想要了解这段历史的社会学家又来此调查。那一天，天很冷，下着大雪，我们敲开了刘国清的门，他很勉强从床上爬起来，听着我们的访问，很费劲地做着回答。因为冬天寒冷，而他的年岁又增长了，耳聋眼花，回答得十分吃力。大概第二年，我再到这个村庄时，就听说刘国清已经去世了。

黎兴三村居民在树下聊天

二十六

山 大 线

从刘罗蔡村向东，沿旧时的乡间道路大概一两公里，就抵达了山口凌村，长山线即到此结束。

而山大线，是指从山口凌开始向南穿越群山，一直延伸到大蔡的乡村公路。这段乡村公路，中部为店忠路所打断，如果未来能架设人行天桥，则更便于游客串联观赏。由于地形的原因，长山段所经过的村落，多位于丘陵起伏的区域，自然环境十分优美。这条路上，分布着胡、赵、吴、孔、刘、徐、陈等多个姓氏，形成了胡道二、山分赵、吴尚楼、鸡鸣山、刘寿三、徐万二等许多村庄，连接这些村落的公路也蜿蜒曲折，最具乡野情趣。

这段公路上的前端，从胡道二村直到孔家洼，是一段上坡路。胡道二村是一个典型的"瓦屑坝"移民村落。据说还有兄弟两人与始祖一起迁移，一个叫胡允二，一个叫胡回二，后者主要分布在长临河镇汪胡村附近。胡道二村分为南北两个组成部分，当地人为了方便区分，称之为"大胡道二""小胡道二"。村庄有涉及水利的民国禁约碑一方，镶嵌于路边民居墙上，文字内容则是当时的合肥县长针对胡道二居民抢夺沙塘水的问题所做出的调解和禁约。从文告中看，1929 年，长临河也已取代"长宁镇"成为正式名称。

从胡道二沿步道再向南，进入了一段十分幽静而颇富林泉趣味的山地。这里分布着山分赵和吴尚楼等颇有特色的小村。这些小村，旧时多是彼此独立，背山面水，互不来往的隐士。如今除了接入步道整体系统外，还通过公路与巢湖市的松棵洪、田埠洪以及长岗张形成了长约 3.5 公里的环路。环路沿线地形高差起伏很大，沿途景观也变化很大。在山分赵和长岗张之间，春季农民种植的芍药如盛放的白雪。而山分赵村，北部是坡，南部对山而建，山与村之间，又有一口水塘，既连着村，又连着山，村庄布局紧凑，别具趣味。山分赵的南边，坡顶的孔家洼村，是一个在岗地顶端的村庄。进入这个村要爬上很高的坡，沿坡而下，才能进入村庄。这个小村别有隐居的情趣，据说也是长临河镇人才最为密集的村庄之一。

上述村庄除了自然环境之外，类似吴尚楼村、山分赵等，还保存了很好的传统建筑风貌。关于吴尚楼，有必要提一下六家畈在巢湖北岸区域的土地和家族影响力。旧时有人形容吴氏土地之多，说"从合肥到巢县，中间不过人家田埂，连屎都拉在他家田里"。吴尚楼处于六家畈东部 4 公里处，越过巢、合边界，巢湖境内还有庵后吴、吴一家、老家吴等。这些村庄的存在，反映着长临河地区的家族实际在整个巢湖北岸地区都有着较强的影响力。这样的吴氏村庄，沿步道从孔家洼向南还有分布。比如，孔家洼村南部有一个陡坡，从这个陡坡而下，即进入一个叫"鸡鸣山"的村庄。之所以得名鸡鸣山，据说是因为村庄东部有一个石山，山中有个石坑，当地人叫金鸡坑。旧时据说有金鸡在此蹲窝打鸣，所以得名。鸡鸣山地处巢、合边境，从区位上看相对偏僻，但旧时是一个重要的商业节点。无论巢、合两地村民都爱到此村榨油，或在鸡鸣山搭班车去合肥。从鸡鸣山往西，步道继续延伸，翻过石山，可见沃野一望无际，远山依稀，田畴中一片生机勃勃的景象。从这里开始，就到达了另外一个大家族——江西移民刘寿三及其后代所聚居的地方。

这里，步道沿途共经过七个村庄，分别是刘寿三西分、东分、洼分、岗分、前山分、后山分、堕山分。这七个村庄所聚居的地方其实是一片山谷，村庄多依矮山而建，每个村庄都各有特色。从空间形态上看，西分和堕山分是比较规则的"九龙攒珠"形态。但西分刘还呈现一种十分特别的，更为优美和更具规划趣味的村庄形态。它的村庄建筑是扇环形的，外弧约为 155 米，内弧约为 102 米。建筑以东是水塘，水塘分东西两口。西侧水塘靠近村庄，也呈扇环状，而东部水塘呈不规则的扇形。这个扇形和西部水塘、建筑共用一个圆心。从整体上看，西分刘经过了比较精密的设计。而堕山分相对形态规则，巷道约有10余条，向东南方向倾斜，水塘也呈矩形。我第一次来到堕山村是2007年夏天，当时曾短暂在此停留，记得村里有一个老志愿军战士，和孙子、孙女住在一个旧宅里，我在这个大宅里拍了很多照片，老战士的孩子们很可爱，一些场景至今历历在目。

从刘寿三家族的这片山谷穿过，公路继续向南延伸，即到达徐万二村。和刘寿三一样，徐万二村也是明代移民

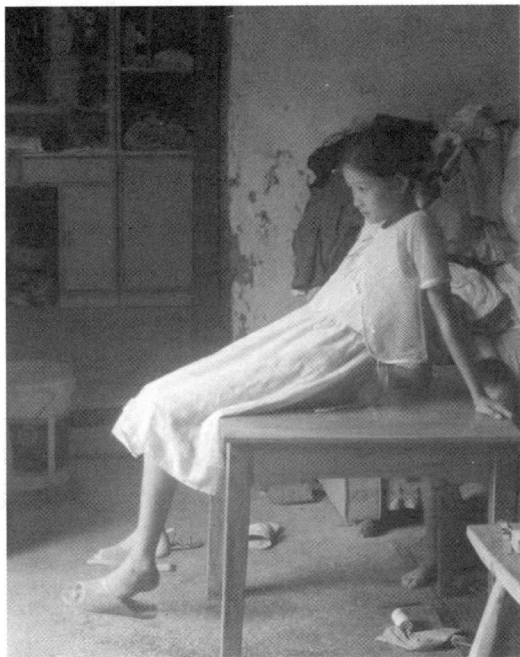

堕山村的儿童

建立的村子。不同的是，该村的始祖来自婺源（一说休宁），当时同来的有徐万二、徐关二两人，徐关二所去不详，徐万二则留在此地。今天的徐万二村依一个岗地而建，这个岗地西向茶壶山，景色开阔，是一片家族墓地。和黎兴三一样，在这个小小的村庄，始祖和后代是共同存在的，在墓地的诸多坟茔中，又以徐万二的墓最为高大。当我们走上这片绿草茵茵的墓地，但见绿树、田畴及远山的风景，非但不感觉到死的寂静，还会体会到在生命的循环里，生与死所形成的一种完美的融合。死者居住的空间并没有形成对生者的否定，反而像是对生者所居住的空间的补充。换言之，假如把徐万二这个移民者当作一粒种子，那么他的后裔居住的村子，多像这粒种子发出的枝叶，这个枝叶在不断地生长、开花、结果，最终又飘落到种子的周围，还有什么比这片青绿色的墓地能够更好地诠释"叶落归根"的含义呢？

这片青色的墓地，虽然朴素，但却让人沉思。从这里延伸，乡村公路从徐万二村穿过，向南即抵达沙二岗村。沙二岗是一个的大村，前文已经介绍，在清代中期以前，它的名字叫"吴兴五"，始祖是一位宣城的移民。和六家畈近似，沙二岗村也向周边散播出它的族裔，并且形成了一个"狮子型"的村庄平面。这个狮子是由三个独立的"九龙攒珠"型村落组成的。村庄最西的片区称沙南，是祠堂所在地，沙南有一个方形水塘，称"大西塘"，和北部的建筑共同构成了狮子的头部和嘴部。在这里，有一个石刻的

徐万二村入口墓地

将军像静静站立。将军像所在的位置，据说原有一股泉水流入村庄中部的"沙中"区域，这片泉水是"沙中"的一位族长引入的，关系村庄及其家族的运势。而沙中和沙南类似，它的水塘也在西部，不同的是，水塘类似葫芦，称作大连塘和小连塘。连塘的形态是弯曲的，带有人工的痕迹，所以"沙中"也被称作"狮子腰"。最北部区域是沙洼，也就是"狮子尾"。虽然是"尾"，但沙洼的风景却十分独特，它有一个漂亮的半月形水塘，此塘正对四顶山。夕阳西下，群鸭在塘中游过，远望四顶，如笔架伫立，优雅寂静。沙洼的水塘应该说是四顶山的最佳观赏点之一。

二十七

现 龙 陈

从沙二岗向西，大概 800 米左右，来到店忠路边，这里有个小村，叫现龙陈。

现龙陈的面积不大，占地只有 2 公顷，大概有二三十户人家。之所以叫现龙陈，据说，村庄所在的地方，是龙脉所在。当地曾经出现过一条龙，但这条龙被皇帝发现后，就设法把龙给杀死了。巢湖北岸有许多和"斩龙"有关的传说，这种传说，多半和元末明初的历史有关。这些传说一般都遵循着一个标准的三段式：

"某某地，它的下方有龙脉；

这事情让刘伯温得知，用计斩断了龙脉；

龙脉被斩断，龙死。"

这样的传说到处都是，与之相关的地名也相当多。比如黄麓镇有斩龙岗，是一个石头山，据说某年农民在那里挖塘，每晚挖好，第二天塘就复平如初，土地仿佛有生命一般。这个情况被刘伯温知道了，让农民挖好塘后把锹插在土地上，结果第二天岗上流满了鲜血，龙被杀死了。在杨店乡的"五岔路口"，有一口古井，人们传说是刘伯温用挖井的方法斩断了龙脉。在石塘镇，人们传说刘伯温是用筷子插到地下把龙脉斩断。在桥头集镇，传说双山上有两头巨龙，巨龙头朝桥头集山王村，尾巴对着巢县竹园张，"吃王屙张"，导致了财富的流失，人们又请刘伯温来把龙给斩断了。总之，从巢湖北岸的各种传说来看，似乎人们的内心中，普遍相信有一个时期，是刘伯温协助朱元璋将各种"龙"斩断的。这些故事的存在，显然在反映着元末明初，群雄纷争，朱元璋扫平竞争对手的真实历史。后来，这段历史以一种斩龙的传说方式被这一时代的人们所记忆，之后又以地名这种特殊的方式嵌入了大地之中。

但现龙陈的"斩龙"传说，在有着近似的故事结构的同时，却有着一些十分关键性的信息区别——人们传说，现龙陈地下的"龙"，是被皇帝用"人"给杀死（困死）的。据说，皇帝故意迁来两个丁姓的家族，这两个家族是两个"钉子"，一南一北将现龙陈紧紧地困在中间，龙最终被这两个钉子给"钉死"了。

这个传说十分有趣。

之所以说它有趣，是因为在现龙陈所在的长临河南部的明代移民区内，这种情况确实是真实存在的。我在2009年开始对长临河镇南部地区的明代移民村落进行了文献调查，就发现了这种类似的情况：长临河镇南部地区的明代移民村落的始祖来源基本上集中在两个族群——即江西移民和皖南移民两个群体内，这两个群体的人群比例十分近似。在空间排列上，它们呈现出一种十分令人费解的互相穿插或者"监控"的态势，即：一个皖南移民村落的旁边，分布着两个江西移民村落，一个江西移民村落的旁边，分布着两个皖南移民村落。比如，盛宗三、罗荣八、吴兴益、胡道二、凌福寺这五个村庄，它们从长临河镇南边开始依次排成行，每个间距都基本是 500 米左右，其中盛宗三村的始祖"明初，与邹太君携三子（宝一、宝二、宝三）一侄（宗三）自徽州婺源迁居庐邑"，属于皖南移民。而罗荣八村始祖，根据村民口述，是洪武三年从瓦屑坝迁移而来的，是江西移民。往下吴兴益村，据《吴氏宗谱》载："迁肥始祖，兴一，讳俊，字衍庆，号裕昆……公祖籍新安，继迁宛陵城南，复由宛陵迁合肥东乡，卜居青阳山南，去城六十里"，是皖南移民。而胡道二的始祖，"胡氏之远祖，道二、回二、允二三公，由江西瓦砾坝来肥，爱青阳山南麓山水灵秀，遂卜宅于此而居焉"，是江西移民。到了凌福寺村，其始祖凌福仕的父亲"迁肥始祖派出新安，曰载一公，卜居于黄山之麓"，又是皖南移民。这种情况，在现龙陈所在小区域也是存在的，像徐万二、刘寿三、梅寿二几个村，也相隔 500 米左右排列成行。徐万二村，"明太祖中原定鼎，万、关二公避难图存，由婺源迁洫，卜吉于朝霞之东，聚族而居"，是皖南移民。刘寿三村"寿三公由梓溪渡江而北卜居于壶瓶山之东迄今二十余世"，是江西移民。而梅寿二村"第一世，始祖，寿二公于宋末自宛陵迁肥下，居茶壶山下"，又是皖南移民。这种"江西—皖南—江西—皖南"的直线状的村庄组合在长临河镇南部地区是反复出现的，显然不是自然形成的。因为，正如前文所说，长临河南部丘岗纵横，而个体的移民力量十分单薄，很难独立生存，这一区域形成的许多直线状、方格网状的村庄分布，如果没有顶层的控制和组织，是绝无可能实现的。其二，如果不是受到人为的强制，又有哪个移民者不愿意和自己的同乡聚居在一起，非要和异乡人一起故意分隔居住呢？这个顶层的安排，显然是移民的组织者——明政府故意让不同地区的人互相穿插、彼此监控而刻意采取的一种社会控制行为。这种控制行为，显然是和现龙陈传说中，皇帝故意用两个丁氏家族来控制这条龙的性质是完全一致的。这个传说和类似"瓦屑坝""大槐树"之类的故事一样，其背后都有当时社会的影子。

今天的现龙陈村，经过了环境提升和村民的建设改造，已经形成了长临河乡村建设的新亮点。通过现龙陈村村民集资建设和政府配套投资，村庄的面貌焕然一新。在2019年环境提升工作中，现龙陈村民不仅积极踊跃捐款，同时还积极兴办民宿产业。产业的兴旺带动了乡村面貌的改善，同时使得乡村环境提升的成果具有了可持续发展的意义。在车水马龙的店忠路边，现龙陈村口的壁画栩栩如生，一条乡村建设之"龙"已经呼之欲出。

现龙陈村面貌

二十八

大　蔡

从现龙陈村出发，穿过店忠路、沙二岗向西部到店忠路边，即到达大蔡村。

大蔡村是一个非常规整和典型的"九龙攒珠"聚落，它的整体形状是矩形的，从航拍中看，有七条主要的巷道。这些巷道对准东方的一口水塘，水塘经过整修，呈十分规则的弓形。整个村庄就像四顶山下的一个小巧的八音盒。

这个宁静的小村，是蔡永祥的故乡。蔡永祥是20世纪六七十年代的著名人物。他出生于1948年，1966年2月参军来到杭州，当上了一名守卫钱塘江大桥的哨兵。1966年10月10日的凌晨，蔡永祥在执勤时发现离他40多米的铁轨上横着一根大木头。而此时，由南昌开往北京的列车已经向大桥飞驰而来了，在即将发生桥毁车翻、人员伤亡的紧急时刻，他一边鸣枪示警，一边冲过去拼命把大木头掀

大蔡村航拍　图片来源：纪录片《九龙攒珠》

出了轨道。为了保护旅客、列车以及钱塘江大桥的安全，年仅 18 岁的蔡永祥献出了宝贵的生命。

　　蔡永祥殉职后，他的英雄事迹很快传遍大江南北。一个学习英雄蔡永祥的活动的热潮迅速在全国广泛展开。1966 年 10 月 30 日，原南京军区作出"关于宣传和学习蔡永祥同志的决定"，追认其为中国共产党正式党员，记一等功。11 月 12 日，中国人民解放军原总政治部发出通知，号召全军和广大民兵向蔡永祥学习。11 月 18 日，《人民日报》发表社论，号召全国人民向蔡永祥学习。《解放军报》从 11 月 17 日起到当年年底止，先后发表了三篇向蔡永祥学习的评论员文章。杭州市根据广大人民群众和部队广大指战员的要求，在钱塘江南端的月轮山建立了蔡永祥烈士陈列馆，并塑像纪念。从 1968 年 11 月开馆以来的 18 年中，共接待 900 万余人次，有 32 个国家的外宾前来参观、凭吊蔡永祥。

蔡永祥成为继雷锋、王杰之后，红色年代亿万人民学习的又一楷模。

今天的大蔡村南，也建立了蔡永祥纪念馆，这座纪念馆建立于20世纪70年代。我曾经访问六家畈湖滨中学的老校长王超先生，他也是当时这座纪念馆的创办者之一。该馆系砖瓦结构，坐东朝西，有房屋12间，170多平方米。总体格局是呈矩形的三合院，院中有蔡永祥烈士雕像一尊。近年来经过修缮已经焕然一新。展览馆中陈列着和蔡永祥烈士有关的各种文物。值得一说的是，虽然馆藏文物比较丰富，但其实还有很大充实的余地。因为蔡永祥在那个年代的影响力非同一般，他是一个时代的象征。曾几何时，以蔡永祥的形象为标志的物品，遍及了人们生活和工作的每个角落。2019年，我因为收集一份与蔡永祥相关的文物，与安徽省红色收藏家协会阮厚先会长相识，并参观了他保存的相关的藏品。看了以后，可以说叹为观止，如果不通过那些琳琅满目的脸盆、扇子、图画、书籍，很难想象20世纪六七十年代，蔡永祥如何成为一个影响祖国各地、大江南北的精神符号。这个符号，是长临河镇子弟在历史中掀起的一朵重要的浪花。

从大蔡村出来，乡村公路向西方向延展约1公里远，可以到达一片岗地，站在这片岗地上极目远眺，四顶山、姥山都在眼底。冈地上有一座小学，叫黑石小学。以这个小学为界，"山大线"向西和向南分别延展出两条支线。一条支线向西，从黑石小学继续延伸1公里可以到达巢湖岸边。这里地形凸起，有一块突出巢湖的礁石，因高耸于湖岸，是眺望四顶山和姥山岛的绝佳观景点，也是近年来人们十分热衷的婚纱摄影拍摄地。黑石嘴上的村庄，因为坐落于以礁石上，也得名黑石嘴村。因为地形狭窄，高低起伏，黑石嘴村建筑错落有致，极富趣味。而另一条支线，则从黑石小学向南延展。这里是一片神秘的小区域，它是由三个分布在岗地上的山村围合成的静谧的空间。三个小村分别是垱边吴、山嘴吴和碾头吴，都是沙二岗村始祖吴兴五的后代。三个村的规模，以垱边吴最大，山嘴吴和碾头吴次之。从形态上看，垱边吴沿一条南北向的岗地形成横向发展，山嘴吴沿东南走向的山地形成带状，而碾头吴呈典型的"九龙攒珠"形态，顺着山岗向东南方向。这三个村庄虽然朝向并不一致，但它们所处的位置却恰好构成了一个三角形的顶点。在三角形的中心位置是一块田地，田地中有一口古井。有人说，这口古井攸关村庄的风水，因为从地形的走向来看，山嘴吴所建立的那个山冈，最像一条活泼好动的"龙"，而龙向中心拥挤，必须有"珠"予以凝聚。不知这个说法形成于何时，但确定的是，站在三个村的中心，确实感觉这口古井像是这个小区域的中心，从它汲取的源泉养育着这个小区域的山村，维系着他们静谧平和的生活。

这个由三个小村围合成的小世界，就是长临河镇的最南端。从历史上看，这一区域的乡村毗邻中庙，已经有了更多的烟火气息。事实上，每个小村都是围绕着城镇分布的，离开了城镇的发展，乡村的文化也不会获得新的营养。从大蔡村的族谱中，我们能够明显看到，似乎是受到中庙的影响，历史上大蔡村相对周边地区而言，从事商业的人更多。如蔡春亭在战前就觉得自己并无炫人之技，于科考无望，于是"自废举子业，读平准书"，战后重操旧业迁于邗江之下河镇，后来"张统帅绍棠聘请管理六合乙和祥盐旗事务"。文献中形容这些摆脱了土地的商人们，"凡燕赵之胜景，吴越之名区，巴蜀之山川与夫江淮楚豫之风土人情罔不游览而领略之也，以故耳所闻，目所见者，阅历几遍天下矣"。太平天国运动后，很多大蔡村的家庭几乎将从军和贸易作为子女出路的两个必要选项，如蔡文斌家"教兄以耕，教吾以读，教弟以贸易"；蔡春亭家"生子四，长力田，次与三皆令贸易而次子现从营，均能自立。唯四子尚幼，从吾学"；蔡燮堃家"生子三，长是芬，学识过人，不幸早卒；次是芳，业商；三子是萱，亦从戎"。商业化的氛围，显然已经深深地浸润了这片临湖的土地。

二十九

永 生 之 山

　　从大蔡村向北，乡村道路开始向四顶山方向延展。从这里开始，一直到六家畈，是"湖山马拉松步道"的第三段，即"大六线"。大六线是整个步道中自然环境最为立体、景观要素最为丰富、人文底蕴极为丰富的一段。一方面，"大六线"串联着大量的传统村落，这些村落具有深厚的人文底蕴。同时，"大六线"从四顶山和巢湖之间穿过，像一条项链戴在四顶山的脖颈之上。大六线周边的乡村对于民宿产业发展最有优势。因此也是整个长临河文化旅游产业发展的重点区域。

　　以四顶山为界限，"大六线"所串联的区域，分为南北两个片区。

　　南部的区域，是长临河镇的南端，俗称为"山南十八户"。所谓山南十八户，据当地记述是：靠山杨、牌坊陈、徐骆、孔村、黑石嘴、河口杨、小缪、小胡、垱边吴、杨庄、小欧、小吴、大蔡、山嘴吴、小李、碾头吴、小蔡、小李十八个村。山南十八户中，又可以分为南北两个部分。其中南部的大蔡、碾头吴、垱边吴、山嘴吴、黑石嘴、孔村、小缪、河口杨等，可以认为属于"山大线"的南延支线。而以大蔡和黑石嘴间乡村道路的北部，则可以根据其走向，归入"大六线"的范围之内。这个北部区域的乡村道路，实际是一条环线，从大蔡开始，向北分别为小欧、靠山杨、之后南下到牌坊陈、徐洛，到黑石嘴小学。这条环线共长3.8公里左右，中间围合区域约0.86平方公里。整个区域的形状基本类似一个矩形，区域中部是近年来新兴的民宿项目"四顶山居"。四顶山居的部分建筑依托小欧村民居进行改造，是近年来长临河南部地区民宿产业的代表之作。

这条环线上的靠山杨村，是所有村庄中风景层次最为丰富、文化底蕴最为深厚的。顾名思义，靠山杨是一个典型的临山村落。它创始于明代初期，始祖诚公，字无二，洪武年间自江西迁来。村庄从地形上看，完全依托四顶山南坡向下建造，它的前方有三个水塘，以中间一口最为方整，西侧形状略小，呈警钟形，东侧入口处的最小，呈矩形。每口水塘北侧都有民居和巷道朝其建造。所以靠山杨村的整体空间形态像是三个"九龙攒珠"状貌的村子合并形成的。从航拍中看，中间的一个"九龙攒珠"形态最为规整，巷道最长、古建筑也最为集中，应该是最原始的村庄建筑部分。两侧则可能为后期发展而形成。从航拍中看，靠山杨村南部还有连绵的梯田，一直延伸到巢湖岸边。这段湖岸，有着十分难得的银色的沙滩，是整个巢湖周边难得一见的原生态，没有任何被破坏的自然景观。如果说靠山杨背后的四顶山像一块碧玉，那么它前方的沙滩，显然就是镶嵌这块碧玉的银边。

在靠山杨沿乡村公路向东大概 600 米，即"山南十八户"北侧矩形环道的东北顶点位置，有一条新修的登山道，从此即可爬上四顶山去。

四顶山，是长临河镇的名胜所在，它的形状左右对称，山顶依次排列的四峰，宛如一片屏风伫立在巢湖岸边。它最早的名字，是"四鼎山"（《隋书》），到了唐宋时期，"四鼎山"渐渐为"四顶山"所代替，以至于今。之所以得名"四鼎山"，可能与其道教传统有关。按北宋《太平寰宇记》，四顶山是历史上"白狗仙人得道"传说发生的地方，据说，汉魏时期，著名炼丹家魏伯阳在此修炼。魏伯阳（约 151～221），名翱，字伯阳，道号云牙子，会稽上虞（今浙江省绍兴市上虞区）人，东汉著名黄老道家、炼丹理论家，其所著的《周易参同契》，五行相类，共三卷，是现存最早系统阐述炼丹理论的著作。按葛洪《神仙传》记载，魏伯阳带着三个弟子登上山顶设炉炼丹，丹炼成后，魏伯阳心知弟子心尚不诚，未必能摆脱俗世，就用谎言试探他们说："丹虽然炼成了，但最好是先给狗吃吃看，如果狗能飞升，人才能吃。如果狗死了，就不能服食。"于是拿丹给

四顶山航拍　图片来源：纪录片《九龙攒珠》

狗吃了，狗立刻就死了。魏伯阳又对弟子说："丹就怕炼不成，如今狗吃了死了，恐怕不合神明之意，人如果吃了，难免和狗一样，怎么办？"弟子们说："先生，您打算吃下吗？"魏伯阳说："我既然违背了世上的道路，离家进山，如果不得道飞仙，我也没脸回去了。不管是死还是活，我都会吃下它。"于是吃下了丹丸，刚进口就死了。弟子们左右相顾对视，说："炼丹都是为了求长生，吃了就死，还吃它干吗呢？"只有一个弟子说："咱们老师不是常人，他吃了死，应该也没有关系。"于是吃了丹，吃下去，也死了。余下的两位弟子说："我们之所以要炼丹，就是为了求长生。如今吃了就死了，何必再吃呢？不吃的话，还能在世间多活几十年呢。"于是一起出山，并为魏伯阳和死去的弟子弄棺木去。他们刚一走，魏伯阳就站了起来，把自己口中的丹药放进死去的弟子和狗的嘴中，他们都起来了。弟子和魏伯阳都飞仙而去，而那两位弟子则为此懊悔不已。

在这个传说之中，魏伯阳以他和白狗的死来试探徒弟的情节，隐喻了自由和永恒并不廉价的道理，追求生命的自由和永恒，不仅需要努力，更需要坚定的信心。"白狗仙人得道"的传说，是汉末炼丹家行迹中十分生动的一个故事。《太平寰宇记》是宋初乐史编纂的一部地理总志，根据该志的记载，传说原载于《后汉书·郡国志》。虽然根据现存的《后汉书》常见版本并无此项文字，但并不能排除是作者在宋初编纂时所依据的不同版本（在《太平寰宇记》中也有类似的情况出现，后文将提到）。如果《太平寰宇记》所引述的传说确实出自《后汉书》，则可以说在汉魏时期，巢湖北岸已经成为炼丹家们涉足和钟情的地方。魏伯阳以"四鼎山"作为炼丹和飞升的地方，显然是因为这座山有着与众不同的气质和力量。这种气质，既是这座山本身所具有的，也是它所面对的这片大湖所给予的，或许，更是这座山与"登天"的关系所决定的。

到了明代，四顶山又多了另一层意义，以它命名的"四顶朝霞"，成为庐阳八景之一。万历《合肥县志》中有一首诗对此加以注解："绝顶云林景最佳，奇峰盘叠绕仙家。芙蓉伏火丹砂老，宝气千年结彩霞。"毫无疑问，明代人认为，四顶山的云霞是魏伯阳炼丹的"宝气"所结。因为这个原因，大概到了明末清初，四顶山也就同时得名"朝霞山"，在肥东当地的文献中，有时人们直接以"朝霞"来指代四顶山。为了注解"四顶朝霞"，清初人朱炫也曾到了四顶山问当地老人。当地人也说："古人修炼于此，炉灶虽空，丹气常在，或瘗有丹砂于石罅中，故时而光彩烛天也。正犹佛门塔顶之舍利光然。"意思和明代人是一样的，就是魏伯阳炼丹，遗留的丹砂埋在了石缝里，所以时时还在使得此山放射光芒。朱炫对此半信半疑，有一天早晨，正当"初晴露旦，草木含滋，旭日东升"之时，他来到山上，站在一块叫"螺髻"的奇石旁，这时突然间被一股奇光包围，"俯眺四五里许，恍乎涌五色琉璃中"。后来，朱炫认为，所谓"朝霞"，就是秋冬之际，天将放晴，大雾千里，一片白色如银时，日出的光芒在大雾中产生的折射现象。这种解释应该说也有其合理性，因为四顶山濒临巢湖，植物的蒸腾加上巢湖的水汽，容易使得山顶被雾气笼罩，从而形成极为迷幻但又短暂的视觉效果。所以，明清沈宏祚《咏四顶山朝霞》说：

倚空标奇姿，

映湖发秋色。

当窗时有无，

晴雨在顷刻。

今天，我们仍能见到这种迷幻的光芒。而汉魏时的古人，为什么不会是因为追寻这使人永生的"云霞"，才来到此设炉炼丹的呢？

三十

隐　贤

　　或许是因为四顶山的云霞和它的传说，到此求仙问道的人很多。

　　唐代诗人罗隐曾写下一首《四顶山》的诗：

　　　　胜景天然别，精蓝入画图。

　　　　一山分四顶，三面瞰平湖。

　　　　遇夏僧无热，凌冬草不枯。

　　　　游人来此地，愿薙发和须。

　　这首诗的大意是："四顶山风景绝佳，峰顶建有美丽的佛寺。山上有四个顶，三面可以鸟瞰巢湖。夏天不热，冬天温暖。游人来到此地，不禁萌生出家之意。"就此首诗看，唐代的四顶山，已建有佛寺，虽然佛教和道教并非一体，但人们到此的心境是一致的。这种心境传承了千年，一直到明清时期，四顶山仍是人们心中最理想的求仙问道之地，比如明清时人杨惕龙《四顶山》诗写道：

> 振策兹山顶，平湖落眼前。
> 四峰如划地，一水欲浮天。
> 黛壑云常护，丹炉火不然。
> 如何人到此，多半话求仙。

此诗大意是："骑马登上四顶山顶，眼前一片平静的大湖。山上的四座山峰整齐划一，周边的巢湖湖面广阔，像要浮到天上。红色的岩沟常有云彩环护，那个叫：'炼丹炉'的地方已经没有了火。为什么人们爬到这座山上，多数都开始谈求仙问道之事呢？"这首诗有两个信息很值得注意，一是明清时，四顶山已有能骑马攀登的登山道；第二，人们来此的主要目的，是和求仙问道有关的。

明末清初的李天馥也作有《四顶山》诗：

> 蔡宅久尘嚣，麻姑不复返。
> 夐夐哉魏君，携犬凌绝巘。
> 四峰相蔽空，下带泉混混。
> 驱龙耕白云，种芝三百本。
> 丹成戏死生，寄湖骑赤鲩。
> 我来悄无人，螺钿自舒卷。
> 细读参同契，悠然感嘉遁。

诗的大意是："世间多喧嚣，人的生命短暂。为此魏伯阳带着白犬来到这座灵山，此山四峰耸立碧空，峰下泉水涌动，魏伯阳驱苍龙为牛耕作白云之上，又在山上种了三百棵名贵的灵芝。炼丹成后，他假装中毒死亡，最终飞升而去。我来之时，四顶山悄无人声，在此悠然的感悟隐退的乐趣。"

而王祖怡《四顶山》诗：

仙家丹灶白云迷，
望里风光四顶齐。
若把蜀山移到此，
居然五岳峙淮西。

其大意是："得道仙长的丹炉被白云笼罩着，远望去，风光旖旎，四个山顶仿佛相齐，如果把合肥西边的大蜀山移到了这里，难道不正是江淮地区的五岳之峰吗？"从这些诗歌的内容来，汉末魏伯阳炼丹的传说，从唐宋（或者更为久远之时）一直到明清两代一直是四顶山的首要标签，围绕这一传说而维系的人们对"永生"的渴望，始终是两千年中游人与四顶山之间不变的关系。

除了求仙问道，观赏湖山美景也是人们的一大追求。这种观赏活动最迟从唐宋就有所发展，比如张彦修有《四顶山》诗：

翠峦齐耸压平湖，
晚绿朝红画不如。

寄语商山贤四皓，

好来各占一峰居。

　　此诗说到了山、湖景色以及早晨朝霞和晚上翠绿的色彩比
对，到了明清两代，描写自然和人文景观的存世诗也很精彩，
如明代许如兰的《登四顶山望湖》和黄道年《登四鼎山》。

登四顶山望湖

　　嵯峨直上极层椒，绝顶峰烟四望遥。

　　山色西来连霍麓，涛声东去逐江潮。

　　天边贾舶千帆远，水底鱼龙万象骄。

　　况是仙灵多窟宅，伯阳丹鼎霭晴霄。

登四鼎山

　　振衣高处听鸣榔，烟树苍茫隔水乡。

　　莓蚀断碑丹灶远，蛛悬残壁白云长。

　　濒湖鱼浪翻晴雪，归路樵斤下夕阳。

　　莫道停车留信宿，夙流今始寄山房。

　　这三首诗都提到了四顶山周围极为丰富的自然和人文景
观，如山水、四峰、帆船、古迹等。值得注意的是，诗歌都
在吟咏风光的同时提到了隐居的乐趣。如张彦修的诗中提到
的"商山四皓"，是秦代的四名隐士，也是著名的黄老学者
东园公唐秉、角里先生周术、绮里季吴实和夏黄公崔广。他

们不愿意当官，长期隐藏在商山（今陕西省商洛市境内）修道。汉初出山时都80有余，眉皓发白，故被称为"商山四皓"，也叫"南山四皓"。张彦修突发奇想，认为四顶山可以作为"商山四皓"的隐居之所，虽然只是一种愿望，但似乎也可以看作是宋代人在四顶山隐居观念的表现。这种表现是否有实质性行为人们并不清楚，但明代人"莫道停车留信宿，夙流今始寄山房"则已经形成了隐居的事实。事实上，自明代中期，不断有士人进入四顶山。他们或建屋闲住，或授徒讲学，著书立说。四顶山俨然成为当时庐阳地区的文化热点，这一时期最值得一提的是陈系和李澹然二人。他们都生活在明代中后期。陈系，"字虞耳。为诸生试辄冠军，崇正戊辰以恩选贡于乡……庚辰谒通授太原令，辞弗就。已而梦与朱晦庵先生逡巡，拱揖延之上座，系让，弗敢当。寤报授婺源教授，晦菴梓里也。丁内艰，遂隐于朝霞山。"陈著有诗文二帙，年七十六终。值得一提的是，陈系如此钟爱四顶山的风光，以至于临终前还特别嘱托家人，让家人一定将他埋葬于四顶东麓的茶壶山下，这样他的灵魂就能时时地游览这片他热爱的山水了（"遗命埋于茶壶山左，使魂魄得揽湖山之胜云"）。而李澹然，字公永，合肥人，是陈系的好友，他的性格和他的名字一样，后人评价说他："性孤骞，落落寡合。弃举子业，与友人陈系读书朝霞。"李澹然放弃科举，最爱读《庄子》《离骚》和《愣严经》。据说，他经常趁着月色，在峰顶大声朗诵，以至于那些不明白的人听了以后嘲笑他说："这穷秀才又在对着月亮大喊了。"（"月夜常朗吟峰顶，山闲人闻之曰：此穷措大啸月声也"）李澹然又在四顶山建了一个亭子，栽了红枫数十株，把它叫作"枫庵"。"枫庵"就在今天登山步道终结处的魏伯阳炼丹池的地方。"枫庵"是和山顶的寺庙相对的，叫作"庵"，说明它显然是一个院子，这个院子是陈、李二人读书之处，应该算是四顶山上最早的书院了。

从陈、李二人开始，四顶山的文人活动越来越密集了，并且几乎形成了一种承传。清初，学者沈传在四顶山长期隐居，并从事著述，时人说他"读书四顶山，终年不入城市"（"沈传，字曾三，号自齐，幼龄入泮，壮食廪饩。戊子膺乡荐，居家孝安慈惠谦和，闭关于四顶山内，董帏不下，设教于竺城林中。马帐重开。生平立品自爱，唯以读书为乐。经史无不融贯，尤潜心于西铭诸书。所著诗古文词甚富，俱被生徒散失。年近八十方卒。子宗元，业儒"）；合肥人范正素，科举不顺，隐居朝霞山，授徒讲学，与名士交流（"合肥增生，天性醇笃，事亲克孝，兄弟七人，饮食必偕，工举业，屡荐不售，退隐朝霞山，诗酒娱情，授徒讲学，从游多知名士"）；巢县人缪化鹏，在四顶山朝霞寺设馆授徒，并收录编纂古今诗歌，刊刻《朝霞右轩》以传世（"缪化鹏，号翼云，巢县人。贡生。品端学粹。授徒于四顶山朝霞寺，生徒集古近体诗，刻《朝霞右轩》以传之"），某种程度上说，从明代陈系与李澹然开始，四顶山就成为整个庐州地区一座重要的文化名山，长临河也迎来了文化的全盛时代。

四顶山和巢湖

三十一

朝霞小筑

　　除了文人墨客，隐退的官员也十分钟情于在四顶山寻找自己的一片天地。

　　巢湖北岸是藏龙卧虎之地，它独特的历史地理环境，决定了这里也是政治家和军事家的成长的土壤。作为江淮的中心城市，合肥联通着中原与长江流域，它所具有的极端重要的政治军事价值，决定了这里很容易成为军事和各种政治力量角逐的战场，同时也容易为地方子弟在军事和政治上的发展提供舞台。因为这个原因，从太平天国战争以来，巢湖北岸既是政治家的培养皿，又是军人的输送地。可能是受到明清以来游赏风气的影响，很多政治家和军事家们，都很热衷于在四顶山上留下自己的足迹。明清时的官员在四顶山留下足迹，多与为官经历有关。明初永乐年间的合肥县令沈纯，是浙江湖州长兴县人，因宦游定居于合肥，文献中说他"爱肥邑湖山之胜，遂家焉"。明初的合肥县面积较小，今天肥东的大部分区域，属于梁县管辖，但巢湖北岸半岛西侧今长临河地区却属合肥县。沈纯"爱肥邑湖山之胜"，自然就是爱四顶山的胜景。沈纯有没有定居在四顶山下并不清楚，但他在堂中写有一副对联，内容是"一脉书香从浙水，五花官诰寄淝川"，或许是长临河的山水胜景和他故乡太湖景观的近似，才最终让他选择留在了合肥。再如杜纯甲，四川人，崇祯十五年（1642）任安庐兵备参议。史载杜纯甲性情清约正直，平时饮食也清淡单一，旁人不敢和他苟以私情。卸官后，杜纯甲"隐于庐之朝霞山，吟啸不辍，与文士讲布衣之欢"。

　　沈纯和杜纯甲的选择，开创了四顶山作为官员喜爱的退隐之地的历史。很大程度上，四顶山与其说是某些官员们主动选择的隐居地，还不如说是这座山的隐者气息以及它作为隐者修炼之地的历史，也强烈地吸引着饱经宦海的他们在此寻找心灵的解脱。到了近现代，四顶山更成了长临河的"小庐山"，乡贤吴中流等人都在山顶建立别墅。吴中流在山顶建的别墅，后人也叫"四顶公园"。说是公园，应该是吴中流的私家花园，"四方筑有砖石围墙，内植花草多种"。在吴中流别墅的南边，是张治中建的"朝霞小筑"，这个建筑大概建于 20 世纪 30 年代初，是当时四顶山名人别墅中最知名者，1948 年的《星报》说：

　　"巍巍的四顶山，给这个半岛增添了无限的光彩。山之南麓就是明媚的巢湖，远望一片连天的白茫茫的湖水，孤帆点点，白鸥成群，委婉富有诗意，山上的古迹名胜都是值得一看的。传说吕洞宾曾经在这山上修炼过，所以迄今仍有所谓吕洞宾的'钓鱼台''石棋盘'，山中的庙宇有朝霞寺，风景绝佳，张治中的避暑别墅，就在附近，名为'朝霞小筑'，惜已于抗战期间遭受很大的破坏。朝霞寺每年都有所谓庙会，四面八方的乡民，都来此烧香，一年一度的盛会，据说都非常热闹。"

关于朝霞小筑的建筑形式，《肥东文史资料》中说：

"在四顶山第三顶上，有几间西式建筑，曰'朝霞小筑'，极富现代色彩。结构小巧玲珑，里外洁白无瑕，置身其中，有明亮清新之感。坐于正厅向西眺望，湖光山色，一览无遗，令人心旷神怡。朝霞小筑，是张治中先生在三十年代建造的私人别墅，抗战前张先生每逢回乡，不时也登临小憩。"

从上述材料中看，朝霞小筑是偏欧式的，具有强烈民国风格的建筑。其大概的形貌，可能类似于今天黄麓师范的"桂翁堂"的样式和风格。张治中将军的回忆录中并未提及该建筑的其他情况，但他对1937年回乡休憩期间，在小筑内的生活有较为详细的回忆。这一次回乡，正值七七事变后，淞沪抗战爆发，经过惨烈的战事，中国方面战事失利，日军的铁蹄即将进一步地踏入长江流域的前夜。张治中以第九集团军总司令身份指挥淞沪抗战，担负起反击虹口及杨树浦之敌的任务，承担着身体和精神的巨大压力，这次回乡，"是我在八一三上海抗战以后回乡小憩的四十天。战前三十天的准备工作，从八月十二日到九月二十三日整整四十天指挥作战的辛苦，使我的身体疲惫不堪。九月二十五日从前方回到南京，虽已调任大本营重要职务，也不能不请假回乡稍事休养。到了洪家疃，大家几乎不认识我了，惊问我为什么这样消瘦。我一回到家乡，如释重负，身体一天天好转起来"。

张治中在这 40 天的休养中，有近三分之一时间是在四顶山上度过的：

"这一次回乡小休，曾在四顶山小住十余天。四顶山，像上面说过的，是巢湖湖边的一座名山，面着大湖，松树成林。我在山的第二顶上盖了小房三间，终日悠悠地在山上林间，踱来踱去，晒晒太阳，看看山色湖光。忠庙、孤山、姥山尽入眼底，远望白石山和巢湖南岸诸峰，参差如列玉屏。我常常一个人静悄悄坐在山头，面对巢湖，天风浩荡，襟角飘开。每遇这种境界，顿忘尘俗，栩栩欲仙，觉得心灵上受着莫大的益处。"

在朝霞小筑，张治中还度过了他的 50 岁生日：

"有一天，是我的生日，家里的孩子们，由长女素我领着，从二十里外的家步行到四顶山来了。那是个清晨，我正坐在山头一块大石上观赏景色，忽然一阵歌声从山下传来，渐近渐清，听出是我的孩子们的歌唱。边走边唱，为他们的父亲庆寿，祝福。这一种情景，大自然的殊恩与天伦间的至乐，交流合响而成为人生的幸福的源泉，是我永远不能忘怀的一个回忆。"

　　现存的张治中将军的影集中，保留有一些拍摄于此段时间的影像。其中有两张拍摄于故乡的照片，虽然未标注具体位置，但根据照片的周边环境分析，是张治中和家人在四顶山上所摄。这两张照片，一张是张治中和妻子洪希厚的合影，一张是张治中和家人共 12 人的合影。照片中的张治中郁郁寡欢，和淞沪抗战期间他在指挥所拍摄的一张照片情态和容貌完全一致。而对于照片中他们所坐的那块大石头，2019 年末，我和长临河镇王磊委员登上四顶山，也进行了认真的核对。一开始，我们认为是半山腰的两块突出的巨岩（应该也就是古人所说的"螺髻"），但仔细看后，认为周围的地形过于险要，显然不符合拍照要求。后来我们就到第二顶上按照当地村民的指示找到了一个长约 15 米，进深约 8 米的平台，其上长满大树——这就是朝霞小筑的位置。小筑并非建在山顶，而是在第二顶的接近山顶位置，严格说是在将部分山体挖出后形成的平台上建设的。在小筑的后面，有一堆巨石。我们仔细核对了这堆巨石的形态，证实了它们正是在四顶山上拍摄的照片中的石头，应该说也就是张治中经常在此坐着欣赏景色的那块。后来，为了核实此事，我和张治中将军的女儿张素久取得了联系，素久女士那时还小，才两岁，但已经有了记忆，她对我说："我对于朝霞小筑还有印象，记得山顶上好像还有个亭子。"提到张治中将军，她说，父亲对此一直念念不忘，"在北京的家里，动不动就和我们说起四顶山"。

张治中和家人在四顶山　图片来源：昂云

三十二

吴 大 海

从登山步道下来，沿着"大六线"，经过靠山杨村，翻过一个山坡，即抵达四顶山北麓的一个小村，名叫吴大海。

相对四顶山而言，吴大海和靠山杨在位置上是很对称的。它们一个在四顶山中轴线的南部，一个在四顶山中轴线的北侧。四顶山是一个屏风型的山体，如果把它比作一只左右对称的正在湖边栖息的灵龟，那么靠山杨和吴大海二村，正像灵龟伸向湖中的两只前爪。不过，相比靠山杨村，吴大海村距离湖岸的距离要更近一些。这个村庄坐落在一个台地上，不过才50多米就能到达湖岸了。

吴大海村是传说中长临河最偏僻的地方，在长临河当地，有一个叫"天边吴大海"的传说。

据说不知什么时候，在南淝河边，住着一个姓王的老先生，这位王老先生有三个学生，这三个学生，都是长临河人，在朝中为官。有一天，皇帝召王老先生进宫，据说是为了回答一位难缠的外国使节提出的问题。王老先生到了朝堂，听了皇帝的问题，但不知怎么回事，皇帝震怒，要把王老先生发配到最远的地方去。

这时，王老先生的三位学生派上了用场。老家在许家榨的许都堂站出来说："我听说世界上最远的地方，叫天边吴大海，请皇上把王老先生发配到天边吴大海吧！"

皇帝一听这个地名，立刻同意了。王老先生被戴上了枷锁，差役将他一路押着向"天边吴大海"走去。到了长临河镇的北边位置，王老先生一看景象与家乡类似，感到很奇怪，一听差役说押解的方向是"天边吴大海"，立刻如梦初醒，将枷锁扔掉，一路跑回了家，而他扔下来的锁链，沉到了地里，人们对它挖掘的过程中，就形成了一个大水库，叫作"乌金陂"。

这个故事在长临河镇流传甚广，和许多发源于某个特定区域的民间传说一样，它包含着所流传区域内最重要的地理信息：南淝河、北部平原以及南部的四顶山，这几个重要的地理坐标，似乎展现了历史上长临河人活动的最西、最北和最南的一些边界。同时，这个传说也可以说包含着一些长临河历史和文化的特征密码，有很多耐人寻味和值得咀嚼与研究之处。比如，和南淝河地区同样流传的其他传说故事中的人物不同，王老先生展示的就是长临河人心中的智者的形象。这个智者虽然机智端庄但并不完全脱离土地和劳动，他杂糅了很多劳动人民的形象（在某些版本中，王老先生是在南淝河边拉纤时被发现的）。此外，王老先生和三个学生的关系，还展示了长临河人对师生等重要社会关系的重视等等。这些解读是多方面的，就地理性而言，最重要的，也最吸引人的，就是那个叫"天边吴大海"的村庄。

吴大海村为何会有这一名称呢？我想，原因可能是多样的。其一，吴大海村地处湖山所夹峙的一片狭小台地，无论从陆地还是从湖中看，它都宛如耸立在山湖之间的一个精巧的楼阁。其二，它的交通环境极为不便。旧时没有直达的大路。即便是近些年，在步道修通之前，从长临河镇到吴大海村，乡村道路至杨湾村一带就断了，不再向南延展，而靠山杨到吴大海村一带基本都是难走的山路，所以吴大海村对外交通极为不便。其三，不知是否和吴大海这个奇怪的地名有关，它的村名总让人产生"天涯海角"的联想。

无论是哪种情况占主要因素，"天边吴大海"一说，都给这个以修道著称的四顶山渔村增加了更多的浪漫和诗意。沿着"大六线"进入村庄，会看到层层叠叠的房屋错落有致的建在台地之上，这些乡村建筑又可以分为南北两个部分。其中南部的片区，也就是从大六线进入村庄的位置，是后期发展而成的。这里地形起伏变化最大，趣味最多，也是整个村庄建筑空间最为丰富，景观效果最为别致的地方；而北部片区地形较为平坦，这里的建筑秩序相对规整，是按照"九龙攒珠"的模式建设而成的，属于村庄中较早发展的部分。不过，和巢湖北岸多数"九龙攒珠"聚落的形态不同，因为这个区域地处四顶山北麓，地形北低南高，所以"九龙攒珠"的水塘坐落于村庄的西北侧，而建筑则从东南向西北，依次高低排列，并形成巷道。从水塘的形状来看，它紧邻着巢湖湖岸，呈等腰直角三角形，显然经过人工的修整。水塘的北侧，也就是大六线出村的位置，有一个高大的土堆，据说是风水墩，出了这个风水墩，即走出了吴大海村。

除了今天的村落面貌以外，吴大海村的沙滩也是村庄极珍贵的组成部分。

和靠山杨村一样，吴大海村西南的这片沙滩是极为难得的一片原生态的自然景观。由于地质的原因，巢湖北岸地区的湖浪侵蚀和崩岸较为严重，加上历年来的洪涝灾害，岸堤基本已经硬化为毛石缓坡。这种缓坡虽然在防洪问题上起到了效果，但多数缺乏生态景观效果的考量。长临河境内从红石嘴开始到黑石嘴之间是一个两端向湖中突出，中部向陆地凹陷的特殊区域。这个区域的中心，正是濒临巢湖湖岸的四顶山的山体。假如把四顶山、茶壶山比作一只展翅的雄鹰，那么从鹰头至红石嘴和黑石嘴之间的巢湖岸线，恰如鹰伸展的双翅。两"翅"之间，长达 4.5 公里，这段沙滩未受任何破坏，绿树葱茏。2019 年，我在挂职长临河镇副镇长期间，正值巢湖北岸的岸堤崩岸治理工程推进过程，这段沙滩也在改造之列。经过大量复杂而艰苦的斡旋和协调，最终黑石嘴至红石嘴之间绝大部分沙滩终于

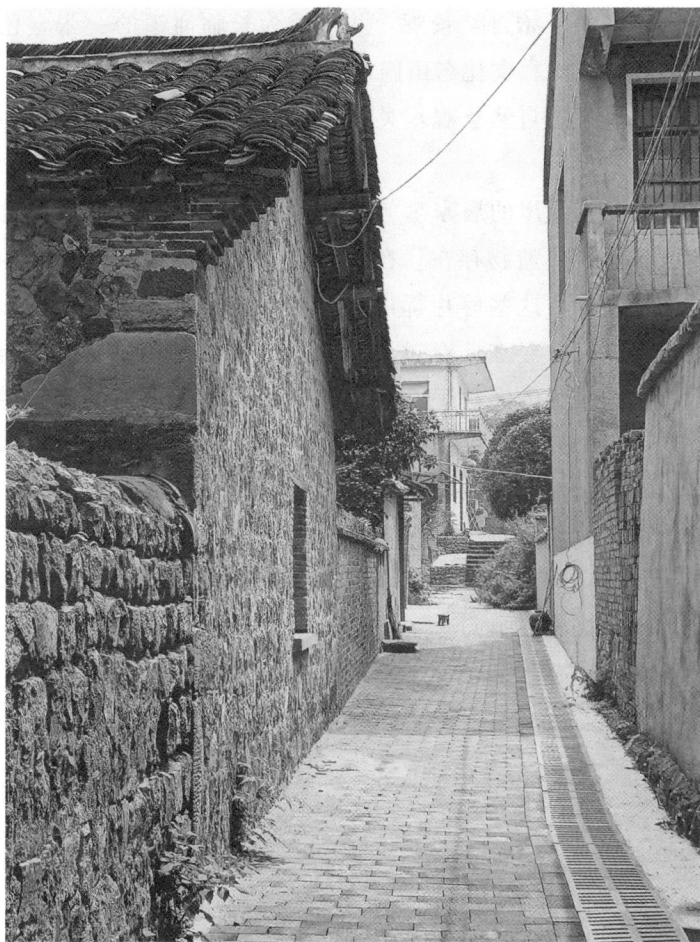

吴大海村巷道

在改造的前夜被保护下来。吴大海村外的石制岸堤形态也经过调整，与自然生态环境彼此协调，今天仍向世人呈现极为珍贵的原始自然景观，并且成为长临河镇的一张金色的名片，伫立在文化名山四顶山的脚下。

除了生态自然景观，吴大海村的沙滩还是一张厚重的历史名片。

和巢湖北岸的唐家嘴等区域一样，吴大海村的沙滩也有大量的古代遗物存在。在沙滩上，我们能找到汉代的各种陶器碎片，这些碎片都以豆、盆等生活器皿为主，显示着古代先民曾经在此有过聚集和生活。前些年，一些新闻报道有纪录吴大海村民在湖中捡到钱币和金属器物。我在挂职期间，还有村民向我展示他在此发现的古代兵器——弩机，显示这一区域历史上似乎曾有士兵驻守。由于没有经过考古发掘，暂不清楚在吴大海西部的湖面之下，是否还有其他遗址存在，这个遗址是个怎样性质的聚落，它是一个普通的农渔业村庄，还是一个带有一定军事目的的堡垒，抑或是神秘的巢湖水下城市的一个组成部分？对于上述问题，只有等待更多的材料才能予以揭示。

三十三

寻山观海

　　对靠山杨和吴大海二村的整治，是长临河乡村环境提升工作的重点，也是我在 2019 年上半年最主要的精力投放之处。

　　说到这件事情，要追溯到 2018 年。那一年，我拿到了博士学位，最终决定离开原来的单位。在走之前，我和原来单位的院长，也是我多年的老同事宗兰教授告别。宗兰教授从 2008 年我入校开始，一直给我无微不至的关心，我们视为知己，情同父子。2011 年，我发生了一些生活上的变故，不仅个人饱受冲击，积累下来准备作为研究资料的长临河的族谱照片也全部被人带走了。此后，宗兰教授一直对我十分关怀，不仅在学业上鼓励我，还亲自陪我来到长临河镇，见了当时的王镇长。考上复旦之后，为了让我更加安心读博，更一路予以我无微不至的照顾。2015 年底，宗兰院长卸任，我则于 2017 年毕业。记得决定离开的时候，我和宗兰院长在他的办公室依依惜别，气氛沉重，空气仿佛也凝结起来。离开后不久，肥东县组织部门即联系我，问我是否愿意来镇上挂职旅游副镇长，我当时就表示同意，并且选择了几年来投入很大精力的长临河镇作为自己挂职的地点。2019 年 1 月 1 日，我正式开始了挂职的工作，但没过两天，同事就打电话告诉我，最关心我的宗兰教授，于我挂职的第一天——2019 年元旦在家中猝死了。

我的心情非常沉重，赶到南京安德门殡仪馆，在一个小小的冰冷的厅里，见了宗兰教授最后一面，并陪伴了他走完了最后一程，之后就返回了合肥。回来后不久，即开始承担靠山杨和吴大海二村的整治提升任务。应该说，因为上述诸事，工作的最初的一段时间，多少还受到一些情绪的影响。记得一开始，从家里开车来镇上，每每就不自觉地沉浸到往事之中，而陷入伤感的情绪中不可自拔。但很快，梁建文书记的关心，加上乡村建设工作的压力，使我逐渐忘记了这些悲伤的情绪，而把精力迅速地投入到现实的工作中来。

我在靠山杨、吴大海二村的环境提升中，制定了一个整体性的，称之为"寻山观海"的总体规划。

所谓"寻山观海"，是将四顶山、巢湖、山村当作一个整体来看待，将环境提升工作与文化旅游工作的推进综合起来，建立一个完整的体系。"寻山观海"有两重意思：一

"寻山观海"空间规划图

重是通过环境提升，使得人们更好地领略靠山杨、吴大海
这两个村庄的传统风韵，感受存在于这两个村庄内的人文
历史底蕴；另一重则是在提升的同时，完善和保护从四顶
山到巢湖岸边的自然人文资源，使之成为与村庄和谐并存、
相得益彰的外围环境。为了实现这一体系，从靠山杨村北
部开始，建构登山步道，并计划向南下山延伸到吴大海村。
而沿湖的一侧，则从村内向湖边延伸步道，使游人能循步
道而进入湖畔，从而优化游客在山、湖之间的综合体验。

　　具体到每个村庄的内部的整治，则做到了以下几个

重点：

其一，是做好前期的空间分析与挖掘工作，注重将历史人文底蕴和整治方案融合。按族谱，靠山杨村始祖和隋代皇室存在关联，其村人也传说是"靠山王杨林"的后代。此外，村庄南部的沙滩上，有一块巨石，外形四四方方，村人指为"魏伯阳炼丹炉"。这个炼丹炉并未见于文献，也和四顶山上传统的炼丹炉遗迹并不一致，但却足见道教文化在此村的影响。由于上述的文化因素存在，我们在靠山杨村设计了魏伯阳升天的大型壁画，同时在民居墙壁对"杨林"等历史也进行了表现。

其二，是做好水系的整理和重新塑造。水系是巢湖北岸村庄的得以存续的灵魂。无论是靠山杨还是吴大海二村，"九龙攒珠"水系都是村庄建筑空间最为重要的骨架。但经过多年来的发展，很多水渠完全废弃，村庄的脉络也变得模糊。此次整治，以"九龙攒珠"为骨架，同时也兼顾吴大海等村地形起伏的具体变化，对于水系进行了重新梳理和塑造。

其三，是做好历史建筑的保护和传统风貌的维护。历史建筑是靠山杨、吴大海二村最核心的资源。这些历史建筑，有的有数百年历史，但多数则是形成于几十年来的各种简单的民居。这些民居建筑，许多采用当地的石块，色彩沉郁厚重，仿佛带着四顶山炼丹炉的热度。对于这些具有天然色彩的墙体，一律进行维护。对于那些年代相对较晚，但色彩对比和谐的青砖、红砖或水泥抹面建筑，也根据实际情况予以保护、维护或改造。此外，为了强化村庄文化和历史趣味，还在适当之处增加了一些历史符号，如标语、绘画等，强化了空间的主题，使得游人能在村庄之内感受到强烈的设计思想。

村庄整治工作，从2019年3月份开始，至6月份正式结束，整治基本取得了意想的效果。整治完成之后，接待了各地参观者数十批。吴大海村，也迎来了民宿产业的起步，不久的将来，以"寻山观海"区域为中心，相信四顶山周边地区会有更大的产业发展。

三十四

振　湖　塔

　　从吴大海村向北，穿过杨湾、王信一、王道三后，乡村道路进入一个分岔口，其中东部的一条直接通向老的店忠路。通过此路口，即可抵达六家畈村，"大六线"步道在此算是到了终点。如果再向北，即接入店中路。

　　而在道路交岔口向西拐弯，则可抵达大徐村。大徐村原名"徐太六"，是以始祖徐太六的名字命名的。徐太六是皖南人，据族谱，"闻昔有隐君子徐太六公者，当明之初，爱兹山水之胜，由宣城卜居于此。"村庄又分大徐和小徐两个组成部分，因为临近六家畈，所以和吴氏之间交往甚密。村人有句儿歌：

　　　　小徐家，焦湖边。家门口，大徐村。
　　　　徐家人，宣城来。老祖先，太六公。

吴家人，六家畈。老祖先，七三公。

徐和吴，通婚姻。全村人，不是家里就是亲。

　　从大徐村开始，步道向前顺着湖边延深，抵达玉带河口，从这里沿着河边，也有步道连通到六家畈村。在玉带河口处，有一座巍峨的宝塔，高七层，是晚清时期六家畈吴氏家族在村西修建的。塔门的两侧镌长联一副，是六家畈吴兆楣所题，陈述了修建此塔的两个重要目的：

一柱挺峥嵘，结构增辉，所期真宰膺灵，古往今来钟正气；
八维扶磊珂，廛阛既庶，溯自前人相宅，湖山俯仰动遐思。

　　上联谈到了建造振湖塔的第一个目的：以建筑树正气。"一柱挺峥嵘，结构增辉"，是形容塔的形态，挺立在河口，"结构"，即塔的建筑体。振湖塔建好后，玉带河口首先增加了新的建筑景观。"真宰膺灵"，即至高无上的，具有审判性的上苍。全句的意思，振湖塔像一个擎天立柱，站立在玉带河口，是这里新的辉煌的建筑景观。它挺拔的形象，就像从遥远的古代走向无限未来的上苍，一直在天地之间主持正义。

　　下联谈到振湖塔建造的时代背景及与村庄风水的关系。
　　"八维扶磊珂，廛阛既庶"，是指塔的建造年代——1892 年，时值太平天国战事结束，国内局势终于恢复了平静之后。"八维扶磊珂"，指淮军和各方军事力量团结一致，

玉带河口的振湖塔　图片来源：徐尊文摄

挽清朝大厦于将倾，"廛阓既庶"，指建立奇功。"溯自前人相宅，湖山俯仰动遐思"是指六家畈吴氏先人迁移到玉带河北部，有风水上的许多考量。也就是说，振湖塔的建造也是出于完善风水的考虑。

应该说，这副对联将融合了儒家思想和民间风水文化为一体的六家畈的建筑文化很生动地总结了出来。在儒家的核心思想中，"敬天"是不变的核心思想。天既是创造者，又是审判者，但默默无言，正如孔子所说："天何言哉？四时行焉，百物生焉，天何言哉？"人和天的关系，是人为天所造，但又超越和管理万物。如明吴宽《南京朝天宫重修碑》中说："万物本乎天。夫人灵于万物者也，物之欲报本者，或见于豺獭之微，而况于人乎？"正统的儒学思想，是重天道正气，而不重风水的，因为正气能抵挡一切的邪与恶，所以文天祥在《正气歌》中说，"天地有正气，杂然赋流形。下则为河岳，上则为日星。于人曰浩然，沛乎塞苍冥"，只有正气能抵挡诸恶：

"余囚北庭，坐一土室。室广八尺，深可四寻。单扉低小，白间短窄，污下而幽暗。当此夏日，诸气萃然：雨潦四集，浮动床几，时则为水气；涂泥半朝，蒸沤历澜，时则为土气；乍晴暴热，风道四塞，时则为日气；檐阴薪爨，助长炎虐，时则为火气；仓腐寄顿，陈陈逼人，时则为米气；骈肩杂遝，腥臊汗垢，时则为人气；或圊溷浮尸、或腐鼠杂出，时则为秽气。叠是数气，当之者鲜不为厉。而余以孱弱，俯仰其间，于兹二年矣，是殆有养致然尔。然亦安知所养何哉？孟子曰：'吾善养吾浩然之气。'彼气有七，吾气有一，以一敌七，吾何患焉！况浩然者，乃天地之正气也。"

但形成于先秦的另一种民间思想，则相信对于地形、地貌景观的观察、改造、利用，能够影响人的命运，是为"风水思想"。前面讲到长临河地区明代形成的固定的村庄规划的方格网状的格局，可以确定地说，这个格局的形成，应该主要出于生存、生产的考量，而很少有出于风水考虑的。很多移民村落虽然都有类似风水的传说，但如果从宏观的角度去观察，会发现都是后期形成的传说。虽然六家畈的族谱记载始祖是因为风水的考量而从茶壶山北部迁移到玉带河北岸，但如果我们从明代的村落分布格局的角度来分析的话，会发现，它迁移的真实原因，极有可能是因为它原来所在的"体系"中的位置，即茶壶山北部地区的岗地，缺乏更合适的生存条件，所以才被迫向北迁出的。在《吴氏宗谱》的世系"一世·七三公"，特别提到了一个村名，叫"吴泼养"，这是很值得注意的细节："公妣俱葬四顶山东北谭树棵，户名吴泼养。"

上面提到，长临河地区习惯以祖先姓名来命名村庄，这里的祖先命名，其实正式的名称是就是这里的"户名"。比如沙二岗的文献中说村庄名称"吴兴五"，"兴五为编里户名"，又大徐村，"始祖，贞庆，字太六，于洪武间由宣卜居肥邑东乡，屏山镜湖，定为世基，户名郎公字，尊为一世祖，配赵氏。"户名这个正式名称，又来自明初的"户帖"，这是一种明代早期的户口统计办法，相当于全国人口和资源普查发给每户的凭证。户帖是近似正方形的，"原帖长一尺三寸，阔一尺二寸，合同填号处有户部半印"（崇祯《嘉兴县志》），明史中说："置户帖、户籍，具书名、岁、居地。籍上户部，帖给之民。"

户帖中还刊有朱元璋口语化的圣旨：

"户部洪武三年十一月二十六日钦奉圣旨：说与户部官

知道，如今天下太平了也，只是户口不明白俚，教中书省置天下户口的勘合文簿户帖。你每户部家出榜，去教那有司官将他所管的应有百姓，都教入官附名字写着他家人口多少，写得真着与那百姓一个户帖上，用半印勘合，都取勘来了。我这大军如今不出征了，都教去各州县里下着地里去点户比勘合，比着的便是好百姓，比不着的，便来做军。比到其间有司官吏隐瞒了的，将那有司官吏处斩。百姓每自避了的，依律要了罪过，来做军。钦此。除钦遵外，今给半印勘合户帖，付本户收执者。"

由于户帖和户名对于移民地的家族具有十分重要的财产认定和身份识别意义，因此它出现的时候，一般都是用于自称，而基本不会用作他称。另外，从巢湖地区族谱的一般记录习惯来看，对于祖墓的位置的描述，也基本不会使用"户名"。如果族谱靠近其他姓氏的村庄，一般把这些村庄记作"某宅"，除非吴氏定居之处即为吴泼养村，一般是不会刻意强调祖墓所在的位置，户名叫什么。所以，族谱里的吴泼养村应该就是六家畈在迁移以前最初的名称，作为重要的家族识别符号而在族谱中保留的（吴泼养和家族始祖吴七三是否是同一人，仍有待进一步的研究），六家畈极有可能并非是一个宋代移民的村落，而同样是一个从南方迁移而来，后来又因为某种原因（也可能包含了一定的风水因素）而迁移到北部的村庄。在长临河当地，有不少文献透露的细节都指向这一结论。

三十五

一里三拱桥

　　不过，虽然吴氏的迁移不一定完全出于风水的考量。但振湖塔建成后，确实将六家畈和玉带河的关系更紧密地联系在了一起，并形成了十分优美的风水景观。

　　首先，振湖塔所选择的位置，丰富了玉带河进入巢湖的"水口"景观。对水口的建造，素来在徽州地区很受重视。之所以选择"水口"——也就是以村庄附近河流的入口或出口作为建造重点，是由于传统的风水思想认为水是"气"的阻挡者，"气，乘风则散，遇水则止"（郭璞），六家畈建在向南部弯曲的玉带河北侧，就好像把村子装在了一个用水构建的"箱子"里。这个箱子，或者说这个用"水"来界限成的边界，足以把气阻挡起来。那么接下来所需要的，就是给这个装气的箱子上了一把锁。"溯自前人相宅，湖山俯仰动遐思"似乎是说，建造这把"锁"的意图从始祖决定迁移到玉带河北侧时，就已经有所考虑，但当时建造条件可能不足。

其次，振湖塔比例优美，像一支笔伫立在村庄西侧，形成了一系列具有象征意义的风水图景。这个图景是包括了六家畈吴氏宗祠在内的一些形象比喻。据说，吴氏宗祠旧时有一口水塘在门前，在未修建宝塔前，这个池塘只是一个普通的荷花塘，类似孔庙前的"泮池"，但宝塔修好后，它就成了一个"砚"，而伫立在巢湖岸边的振湖塔则成了和它配合的一支"笔"。每当夕阳西下之时，塔影会慢慢地倾斜，一直倾斜到荷花塘里，就像一支毛笔正在添墨，比喻得可谓惟妙惟肖。信风水的人说，正是因为有了振湖塔这支笔，六家畈后来才教育发达，人才辈出。这话在一定程度上颠倒了风水思想和村庄发展的因果关系，但从另一方面而言，又恰恰说明了振湖塔修建的时间——太平天国运动后20多年，正是六家畈文化教育快速发展的起点。1880年，吴毓兰捐出200两养廉银作为创办义学的经费，吴毓芬则为此作《义学始基》，"我族屡欲创建义学，因公款支绌，未克举行"，这笔钱"此时为数尚微"，但以后"无论何事，不准动用，俟生息五年，再议举办"，此后经过一段时间的准备。于1898年村庄正式成立了义学"收族中贫寒子弟而教之"。义学准备的时期，和族人补充和完善前人的风水观念并修建振湖塔的时间是一致的。在振湖塔修建后，义学兴办正常，1905清廷下诏废科举兴学校，在吴葆之倡导下于1908年兴办"吴氏私立养正小学"，时为合肥乡村中最早的一所完全小学。"养正"一词，取自《易经》中"蒙以养正，圣功也"。"养正"的含义，和族人给振湖塔所起的名字的含义是对应的。振湖塔是用来树立村庄的正气的，而养正则是培育子弟的人格的。

振湖塔带给了村庄巨大的景观提升。除此以外，这一时期的商业发展，则带给六家畈另一种"水街结合"的村镇面貌，这种面貌被当地人称作"一里三拱桥"。

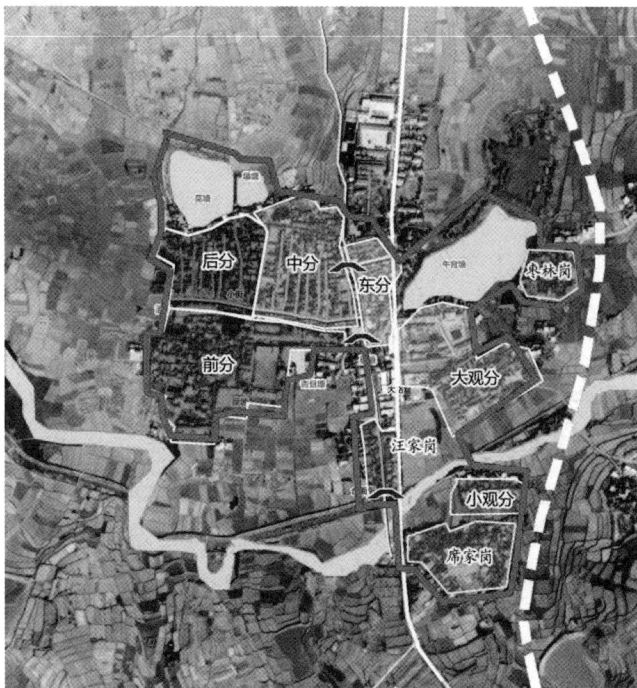

六家畈空间格局

所谓"一里三拱桥"，是指六家畈的村庄中间被古代道路穿过，这条道路是"店忠路"的前身。它北接长临河镇，南到中庙镇。从进入六家畈村的北部开始，直到穿过南部的"汪家岗"（同属于"三岗六分"的组成），共有550米左右，这550米远的路，从北向南，一共有三条河流穿过。一条是在北部入口以南大概100米的地方，此处有一条流水穿过道路，上有拱桥一座；一条是在北口以南大概200米的地方，也就是吴氏宗祠附近，有一条小河从西向东穿过，此河与六家畈东部的"牛背塘"联系着，灌入村庄南部；第三条，就是汪家岗村的南端，此处有一个石桥，横跨玉带河。"一里三拱桥"构成了旧时六家畈最重要，也最有特色的市镇空间，也可以说是六家畈除了振湖塔以外最核心的公共景观。从"一里"的角度来说，它既是交通的，也是商业的，更是风水的。南北走向的这条大路带来了前往中庙购物、朝香的源源不断的人流，也造就了道路两侧商业的繁荣。旧时巢湖北岸有一句俗语叫"中庙好朝，六家畈难熬"。据说旧时农历正月初十以后，各乡常组织善男信女穿过六家畈去忠庙朝香，这些朝香队"前有人扛着黄布大旗，接着是王爷菩萨，鼓乐伴随着，另有人专人手提大铜锣，不时敲打喊佛，中间插着礼香队，一律少年儿童男扮女装"。按例，朝香队每过一村，村人都要燃放鞭炮表示欢迎，朝香队则停留片刻，答谢念经，之后才能动身。但六家畈由于街道很长，总是进行得无比艰难。因为家家都要燃放大量鞭炮予以挽留，结果朝香队喊佛答谢的领队往往没到中庙，就已经精疲力尽，嗓子嘶哑了。此外，由于这条南北向的道路，正对六家畈的"财源"之地——茶壶山，因此也构成了街市和外部风水环境十分和谐的景观效果。

除了振湖塔和商业街外，六家畈的私家园林也十分著名。

六家畈的私家园林，和太平天国运动中吴毓芬、吴毓兰、吴育仁等人的人生经历有密切关系。吴毓芬，字伯华，出生于官宦家庭。咸丰十年（1860）与弟吴毓兰招募团练赴凤阳、颍上一带协助进攻太平军、捻军。同治元年（1862），李鸿章率师去上海进击太平军，吴氏兄弟从军东下。因他字伯华，其所部称为华字营，计2000人，兄弟二人任正副统领。吴毓芬因镇压太平军有功，官江苏候补道，加按察使衔，同治四年（1865）他辞官返乡，殁后旨赠太仆侍卿。吴毓芬曾参与攻破苏州，后又在江苏为官。故而生活习惯和审美情趣深受苏南影响。在被称作"小姐楼"的吴毓芬住宅，厅堂敞亮，建筑并无许多淮军将领高筑圩堡的封闭面貌，反而多了许多江南趣味。在住宅后方，有一个进深约50米，宽约20米的园林，称"也是园"，是吴氏建造的一处苏式园林，园中有一处望湖楼，墙上镶嵌一块苏轼的墨竹图。而园内多钟乳石，据说都是吴毓芬攻破苏州时，从太平军占据的园林中搬运而来。吴毓芬与合肥名人徐子苓等在此园中唱和，著有《也是园诗抄》五卷。此外，在大官宦吴育仁的住宅也"富丽堂皇、雕梁画栋……庭院广种四季花木"。和吴毓芬不同，吴育仁出身于手工业，排行老三，称"三机匠"，他先为吴毓芬部将，后统领由华字营改名的仁字营，并与日军海战于朝鲜牙山口。"三机匠"的住宅和园林被后人评为"当地最美的苏州园林之式"。足见这一时期苏州的景园和建筑风格无疑引领了六家畈整体的建造风气。这种风气一直延续下去，到20世纪，已成为六家畈的建筑传统。民国初年，族人吴中英在祠堂之东，临近大观分位置建有园林，此园约30亩，种有许多奇花名木，是吴中英为其母亲颐养所建，故称"颐园"。据回忆，"颐园"中种有近千种花木，令人眼花缭乱。其中从海外购进的复色丹桂和含羞草，为巢湖地区所罕见，时人引为异物。他的兄弟吴中流同样酷爱园林，把四顶山建造的一处别墅称作"四顶公园"。值得一说的是，这一时期的六家畈园林，实际已带上了更多的国际化色彩，除了那些来自境外的植物，吴中英的颐园之中还有一个石制的地球仪。这个地球仪是其胞弟、军事家吴光杰留德归国后所制。在地球仪上镌刻着吴氏自传的小文，在阐明地球仪的缘起的同时，更给这个景园增加了别样的趣味。

三十六

长 临 河

　　从六家畈的振湖塔开始，乡道一路沿着湖边向北延展大约 4 公里，途径潜溪河、平浒林、孙家凤等村，即可抵达长临河镇，是为"六长线"的终点。

　　长临河是一个古镇，严格说来它是一个和周边传统商业集镇有很大差别的镇。之所以这样说，是因为从其形态而言，长临河更像是一个堡垒，而不像柘皋镇、烔炀镇那样，是沿着商道或者驿路发展而来的带状形态。它的形态呈椭圆形，周长 1.3 公里左右，中间有两条十字交叉的街道。其中南北向的街道长约 350 米，东西向街道分为两段：一段称东街，长 240 米；一段在西部，长约 190 米。这两条街道呈"×"型近似交汇于一点，将整个镇分为四个区域。每个区域面积都在 3 公顷左右。看起来像是一块被切开的月饼。在古镇的外部，旧时有城墙，有壕沟，街道和城墙交汇之处，是四个城门。这种封闭的小镇，虽然适合于防御。但一旦有人将其围困，或者利用它的封闭性特点予以侵袭，则很容易形成"瓮中捉鳖"之势，从而造成很大的损失。1931年10月3日，《申报》上有一则新闻《长临河全镇被劫》，报道了9月25日长临河突然遭到土匪洗劫一事：

> "东南乡沿巢湖巨镇长临河，为产鱼之区，商务繁盛，湖匪觊觎已久，惟以该镇商团及水陆警队，防范素严，未能侵入。讵廿五日早，因届秋节，市中拥挤团警亦忙于过节，防范较疏，突有大船十四只，满载水盗二三百名，蜂拥登岸，将镇包围，由南北两闸冲入，驻镇团警猝不及御，由团长丁瑞庭率领退却。匪遂任意沿门搜抢，全镇大小商号数百家，无一幸免。临行并绑去富商六七十名，挟至湖心而遁，损失约在十余万。商号以刘仁和、燮德泰等，损失最大。今日（廿六）该镇纷纷来城报案，县府急派大队自卫团，驰往追剿。"

这一次的抢掠事件对于长临河的商业造成了极大的破坏，同时也进一步促成了长临河镇在以后十余年的社会秩序的改变。1933年，因为长临河镇地方治安力量实在过于薄弱，长临河镇的公安分局被撤销。

> "东乡长临河镇，濒临巢湖。入冬湖匪猖獗，该镇已扩

长临河镇航拍　图片来源：google earth 卫星影像

充商团防御，惟以公安分局，实力薄弱，经费困难，已呈
请县府，转请民政厅，暂行停办，业已照准。"

　　这里的商团防御，即由丁瑞庭组织的地方武装承担。
丁瑞庭是长临河镇北部的丁家桥人，他所领导的地方武装
是日占之前长临河镇主要的防卫力量。日军占领合肥之后，
丁的力量又从属于皖中清乡司令部一团陈俊之管辖。陈治
理地方极严，在日军侵华期间，一定程度上维持了长临河
镇的社会秩序。1945 年 9 月，日寇投降。10 月，陈俊之即
倡议建立长临河小学。虽然此举显然易见是为了博取社会
好感，进而逃避战后国民政府对其充当汉奸的惩罚。但基

于这种特定目的而建立的《长临河小学校舍落成记》碑却成为长临河镇20世纪40年代商业规模的一手资料。该碑保留于长临河小学教学楼前，根据碑文信息，包括陈俊之在内共有142家店铺、商会和个人捐款。其中商铺有五六十家。由于陈在当地素有号召力，因此这五六十家商铺，可以看作是长临河镇在抗战结束之后的商户规模的一个相对准确的数字。根据今天我们对长临河街市景象的观察，会发现它们也基本上分布于南北向的这条大街上，而东西走向的两条街相对冷清，其中西半条街基本上只剩下了一条普通的乡村道路。同时，古镇的东北方位，靠近西半条北侧的片区还是一片农田。这种平面十分规整，但商业规模和城镇建筑集聚度却相差甚大的情况，说明了和焗炀、柘皋等古镇的街市空间不同，长临河镇的建筑空间并不是伴随着商业活动而产生的。它是一个在建设初期就有一定人口规模或者人口预期的小城。这种小城的建设可能有两个目的：一是防御，长临河正处于古代"店忠路"与巢湖湖岸的交接处，同时它还濒临长临河灌入巢湖的万家河，是一个水陆要冲。这个位置显然具有一定的军事价值。同时，根据光绪《续修庐州府志》："施水旧由长宁镇西入湖，乾隆年间，土人因河势行曲，圩田被害，遂改归今处，所谓施口也。"虽然不能确知乾隆以前的南淝河入口究竟在哪里，但"长宁镇西"一语，显然比今天的位置要更靠近长临河镇。郦道元在《水经注》中明确地说过，施水注入巢湖的地方，有一个小城叫"湖口戍"："施水又东径湖口戍，东注巢湖，谓之施口也。"这个湖口戍，就是一个扼守南淝河河口的堡垒或营寨。古往今来，应该说营寨都是类似的。曹魏时期的营寨，继承汉代营寨的特点。这种营寨，一般称"坞壁"，是四方或圆形的小城，内部有馆舍，可驻军队。长临河的圆形小城，显然和汉魏时期的坞壁有着某种形态上的联系。也许从功能或者形态上，湖口戍可以看作是长临河镇的滥觞。

从另一些方面来看，在防御之外，长临河的空间形态也有可能是产生于一种特定的功能——供明初移民在此暂时居住并对他们进行管理，以备未来向固定的定居点迁移。之所以这样说，是由于从整个长临河镇星罗棋布的移民村落群的形态来看，最初没有一个统一的集散地是绝不可能的。刚刚来到陌生土地的移民十分脆弱，他们既缺乏对当地地理情况的了解，更缺乏熟悉的社会关系，如果没有一个固定的地点让他们先集中居住，是无法实现统一管理的。从长临河镇整个区域的移民村落的数量和分布空间特点来看，这个集中的居住地，似乎只有长临河镇才能满足条件。首先，它具有交通的便利性，无论从水路还是陆路都容易到达；其次，它具有一定的防御性，小城、壕沟都能满足对移民进行保护和防御的要求；再次，它还具有预先设计的相当的规模和经过规划的空间格局，便于大量的移民入住。这些移民一旦进入了长临河镇之后，先安顿下来，之后再走向田野，长临河就成了一个事实上的二次移民管理中心。实际上，从长临河镇和张永久、罗荣八直到凌福寺等村，在同一条直线上看，这是完全有可能的。而我们如果确定了长临河的这个管理属性，也就不难推导出长临河南部地区的方格网状的聚落群的形成方式了。它必然是遵循着这样一个过程：首先，大概在洪武三年（1370）移民在城内聚集，之后（也许是次年），以长临河镇为起点，按罗盘指示方向，以东偏南30度角的精确方向，一华里一华里地确定村庄的位置，并插上标杆。这个标杆，从长临河镇所在的巢湖岸边开始，一直插到白马山下。之后，江西和皖南移民就按照管理者的要求，互相穿插、很有规律的落户在这条直线上（南部徐万二、刘寿三的那条线也是一样的），这难道不就是移民者所说的"插草为标"的过程吗？虽然这个过程十分浩大，也激动人心，但伴随着移民者散步于长临河的山山水水之间，主持这些移民的管理者也离开了长临河镇，这个宏大的历史过程也就随即被人们遗忘了。

三十七

尾　声

　　六长线到达长临河镇，湖山步道就完成了它的全程。

　　在完成了这条长达 42.3 公里的线路的设计之后，我们又根据线路的实际特点，以六家畈为中心，以六家畈到白马山下的一条东西走向的道路为分界线，将整个线路分为南半程和北半程。所谓半程，当然是相对的，并不十分精确，其中，北半程线路因修筑长（长临河）黄（黄麓）公路，并发展科创园区有所改变，南半程以及覆盖的长临河最优质的山水自然景观则被完整地保留。这条线路大概长20 多公里，道路曲折蜿蜒，最具林泉雅趣，是整个长临河，也是整个巢湖北岸的淮军及其家族集聚的谷地。为了验证这条南半程道路的可实施性，由肥东县委政策研究室牵头，县交管和医疗部门配合，在长临河牵头举办了一场马拉松测试赛。这场测试赛是 2014 年 3 月 30 日举办的，

湖山步道勘察团队

据说也是改革开放以来，安徽省第一场官方举办的马拉松赛，和 1957 年张亮友的测试赛相比，也算是创造了另外一个"第一"。比赛前，马拉松运动在中国刚刚掀起热潮，我们通过合肥民间体育组织"快乐跑步"招募测试运动员和民间爱好者。原定希望能邀请 50 人来参加，没想到一下来了 150 人。这 150 人中包含了一些专业运动员，他们和大量的民间体育爱好者一起，从六家畈小学出发，穿过店忠路，一直跑到中分赵村，之后向南沿着长山线和大六线乡道跑回六家畈。一开始，这 150 多人还是一个方阵，进入乡村公路之后，很快被拉成一条长龙。长龙一开始几十米，后来慢慢延展成上百米，几百米，上千米，中间还有一些是家长带着孩子来的，在后面慢慢地跑。长龙一样的运动员像一股暖流，顺着乡道流进了寂寞的乡村，很多空荡荡的村子突然间有了活力和生气。记得那时，我和我的好友——英国朋友安达坐车在最前面领路，同时进行摄像。当队伍穿过中分赵等村庄时，很多留守的老人、儿童以及残疾人纷纷从屋里出来，他们似乎很久没有看到这么多人。这些人朝气蓬勃，好像把力量也带给了他们，一些残疾人还站在路边，为运动员鼓劲，场面让人十分感动。

测试赛获得了圆满的成功。之后，县政府将道路正式建设成绿道，同时对线路进行了增建，设计也由我统筹完成。步道建成后，应该说对长临河镇南部的乡村发展起到了很大的推动作用。一些城市居民通过体育步道进入了长临河租赁房屋，并进行改造。靠山杨村属于最先被改造的村子。一名企业家顺着步道，选择了一处临水塘的建筑，建成一处私人会所，另外一些项目则顺着道路缓慢向长临河的山山水水延伸。后来，伴随着长临河文化旅游事业的发展以及乡村环境的改善，越来越多的文旅、民宿类项目开始沿着步道进入长临河南部的山区。事实证明，以湖山步道的修建来构建长临河传统村落保护的总体格局，杨宏星书记的思想是正确的，也是超前的。

2015年12月，杨宏星书记调任蚌埠市人民政府副市长，离开了他工作10年的肥东县，后来又调任宿州市市委常委、组织部部长。我们在宿州、蚌埠和他期间挂职的上海，都有很多交流，谈到肥东，杨书记每每在言辞中流露出很深的情感，在谈及委托我完成的涉及传统村落和历史地理层面的研究课题，他则更是兴味盎然。杨书记离任后，我在导师葛剑雄先生的指导下，于 2018 年取得博士学位，顺利地完成了博士阶段的学业。算起来，从 2008 年在合肥市规划院工作时，发现了长临河地区传统村落的独特规律，并产生了研究的兴趣，到最终完成学业，我共花了 10 年时间。如果把命运的里程比作一条不定的河道，那么这 10 年可以说是我历经了各种跌宕起伏，也见证了命运的考验和眷顾的 10 年。除了围绕长临河这片乡土所研、所学、所做以及带给自己的收获以外，一路上所看到的风景、经历的人事以及所经受的各种难以想象的困难和莫可名状的机缘，每每让我在回想之时都感慨万千，夜不能寐。

后　记

　　这本小册子是我在 2019 年下半年，基于对长临河镇未来文化旅游发展的考虑而撰写的一本普及性的小书。当时，我正在挂职长临河镇文化旅游副镇长。上半年，我将主要精力放到靠山杨和吴大海二村的环境提升和整治工作中。下半年，整治工作任务相对较轻，出于对长临河未来的文旅发展，以及完善个人工作职能考虑，我将精力都投放到这本书的撰写过程中。在这一过程的前期，我和合肥工业大学出版社疏利民编辑有过沟通，决定采用一些较为放松的写法。虽然此前，我也撰写了两本书，且都和长临河镇有关，但它们一本是我的硕士论文，一本是博士论文，即便有一定的社会关注度，但也不一定适合于普通读者阅读。而这本书，则改变了学术化的语言体系，通过我与长临河镇关系的这条主线，从时间和空间两个维度，来展现长临河镇的历史地理和传统村落。这种写法对自己是一个挑战，也是一种新的尝试。

但在撰写的过程中，应该说，难度比想象的要大。首先，在复旦大学史地所的博士学习阶段，学习压力过大，我是建筑学出身，为了达到所里的要求，在很长一段时间内，外在和自我压力，都让我形成了唯学术语言和学术价值至上的思维习惯，所以最初可以说写得磕磕绊绊。但大地毕竟是滚烫的，当我在挂职过程中，亲身和梁建文书记、王磊委员、蔡明仙营长、段天顺主任等基层干部一起工作之后，繁杂的乡村建设工作，将我很大程度上从学术思维的习惯中硬生生地拉回了现实。其二，疏利民编辑是一个十分特别的人，硬要我删除晦涩难懂的语言，尽量用轻松的色彩去表达一切内容，为的是让普通读者能读得下去。而我的好友昂云先生（网名"银山智人"），更是鼓励我，一定要多写通俗易懂的文字，通过互联网来对大众进行历史地理和传统村落的知识传播。在这三种力量的引导之下，我慢慢地找到了感觉。经过四次修改，最终于 2020 年 12 月底将稿件交给了疏编辑，算起来，这本书改写了 4 遍，横跨了整个 2020 年，是一本始于疫情前，而穿过了令人难忘的 2020 年的一本书。因此，这本书对我个人来说，无论写得好坏，都具有一种特殊的纪念意义。

不过，虽然对我有如此纪念意义，但我更关心它是否是一本真正能面向现实需求的书籍。近年来，在长临河镇各级领导干部努力下，长临河镇获得了"环湖首镇"的殊荣，并在文化旅游工作方面获得了长足的进步。应该说，在短短的几年时间中，长临河镇发展的成绩是喜人的，十分令人振奋。但也必须看到，由于种种原因，这片土地文化旅游的发展准备工作尚未完善，潜力尚未完全挖掘，它的发展空间仍然十分广阔。长临河拥有得天独厚的湖山之间的优质自然资源，就是在巢湖沿岸的"十二镇"中，也是独具魅力的。但这种自然的魅力和"首镇"之间，还需要去做太多的工作，去夯实，去填充，去演绎，去扩大其内涵。比如，它的整体空间架构需要更加完善，重要的传统村落需要保护和利用，文化旅游产品应该更进一步丰富，各种产业政策更有待进一步优化。应该说，"环湖首镇"是荣誉，但更是目标。因为这种目标属性，我曾广泛地征求书名意见，且和疏编辑存在着一些异议。无论这种异议谁是谁非，我们都相信，未来通过政府与社会各界的努力，别具特色的文旅强镇长临河一定会迎来更快的发展。

张靖华

2021 年 8 月 14 日

图书在版编目(CIP)数据

环湖名镇长临河/张靖华著 . —合肥:合肥工业大学出版社,2021.7
ISBN 978 - 7 - 5650 - 5350 - 4

Ⅰ.①环… Ⅱ.①张… Ⅲ.①乡镇—概况—肥东县
Ⅳ.①K925.44

中国版本图书馆 CIP 数据核字(2021)第 118559 号

环湖名镇长临河
HUANHU MINGZHEN CHANGLINHE

张靖华 著 责任编辑 疏利民

出版	合肥工业大学出版社	版次	2021 年 7 月第 1 版
地址	合肥市屯溪路 193 号	印次	2021 年 7 月第 1 次印刷
邮编	230009	开本	880 毫米×1230 毫米 1/32
电话	理工图书出版中心:0551 - 62903018	印张	7.75
	市 场 营 销 部:0551 - 62903198	字数	146 千字
网址	www.hfutpress.com.cn	印刷	安徽联众印刷有限公司
E-mail	hfutpress@163.com	发行	全国新华书店

ISBN 978 - 7 - 5650 - 5350 - 4 定价:42.00 元
如果有影响阅读的印装质量问题,请与出版社市场营销部联系调换。